감춰진 은혜
선악과

감춰진 은혜 선악과 (개정판)
ⓒ생명의말씀사 2015, 2024

2015년 2월 10일 1판 1쇄 발행
2024년 3월 27일 2판 1쇄 발행

펴낸이 | 김창영
펴낸곳 | 생명의말씀사

등록 | 1962. 1. 10. No.300-1962-1
주소 | 서울시 종로구 경희궁1길 6 (03176)
전화 | 02)738-6555(본사) · 02)3159-7979(영업)
팩스 | 02)739-3824(본사) · 080-022-8585(영업)

지은이 | 김민정

기획편집 | 서정희, 김자윤
디자인 | 김혜진
인쇄 | 영진문원
제본 | 보경문화사

ISBN 978-89-04-16871-2 (03230)

저작권자의 허락 없이 이 책의 일부 또는 전체를
무단 복제, 전재, 발췌하면 저작권법에 의해 처벌을 받습니다.

납득할 수 없는
하나님에 대한 의심이 풀리면
성경과 삶을 바라보는
눈이 완전히 달라진다!

감춰진 은혜
선악과

김 민 정

추천사

사람의 머리로 흔쾌히 받아들여지지 않는 성경 본문을 접한 적 없습니까? '하나님이 왜 그러셨을까'라는 의혹을 품어 본 적은 없습니까? 신앙생활 가운데 미심쩍은 문제와 마주치면 우리는 믿기를 거부하거나 믿어야 하는지 의심하며 흔들립니다. 김민정 목사의 『감춰진 은혜 선악과』는 '선악과'라는 오랜 신앙의 의혹을 명쾌하게 풀어냅니다. 하나님의 유도된 덫, 혹은 과도한 처벌처럼 보이는 선악과 사건이 사실은 하나님의 사랑과 은혜임을 저자 특유의 일상 언어로 쉽게 전달합니다.

성경에 대한 의혹, 하나님의 성품에 대한 의구심, 믿음을 흔드는 모든 문제 앞에 견고히 서는 온전한 방법은 하나님의 사랑을 확신하는 것입니다. 이 책은 우리의 의심을 확신으로 이끌어 주고, 확신 끝에 다다른 은혜에 뜨거운 감사를 드리게 합니다. 누구나 쉽게 묻지만 누구도 쉽게 대답하지 못했던 문제를 분명한 은혜로 풀어 설명한 이 책을 한국 교회 성도님들께 추천합니다.

이찬수(분당우리교회 담임목사)

내가 만난 선악과의 은혜

어릴 때부터 선악과에 대해 궁금했지만 누군가에게 묻기도 망설여지고, 용기 내어 목사님께 질문해도 정확한 답을 얻을 수 없었다. 김민정 목사님의 『감춰진 은혜 선악과』는 선악과에 대한 하나님의 분명한 뜻과 크신 사랑을 알게 해 준 정말 고마운 책이다. 삶의 고난으로 하나님께 섭섭할 때, 하나님에 대한 오해로 힘들 때, 하나님의 뜻을 찾지 못해 괴로울 때 이 책을 읽으면 하나님의 사랑으로 인해 감사와 찬양을 올리게 될 것이라 확신한다. **노정화**

하나님을 인격적으로 만난 지 30년쯤 되었다. 짧지만은 않은 신앙생활 가운데 하나님을 향한 나의 믿음은 늘 롤러코스터를 타는 것 같았다. 김민정 목사님의 책을 읽으며 믿음과 불신을 오가는 나의 태도, 그럼에도 불구하고 선악과와 십자가를 통해 당신의 변함없는 사랑 안으로 초대하시는 하나님 아버지의 마음이 겹쳐 보였다. 그렇게 다시 만난 선악과는 처음과 끝이 변함없으신 하나님이 처음 사랑을 잃어버린 자에게 주시는 사랑의 증표였다.

주수인

이 땅에서 사는 동안 우리 모두는 고난 중이거나 고난이 예비된 자들이다. 우리는 하나님을 믿지만, 피할 수 없는 고난 앞에 자주 흔들린다. 이 책은 연약한 믿음의 근원이자, 우리가 이해하지 못한 채 덮어 둔 선악과 사건을 명료하게 풀었다. 고난 앞의 나를 돌아보게 하고 하나님께 품었던 여러 가지 의심을 걷어 낸 귀한 보석 같은 책이다.
선악과는 결국 하나님의 선물이요, 하나님의 은혜임을 많은 사람이 알게 되기를 바란다.   **홍경임**

'기본으로 돌아가라'라는 말이 생각난다. 이 책은 신자에게는 세상의 물결에 휩쓸리더라도 중심을 잡을 수 있는 '나침반'의 역할을, 불신자에게는 하나님의 근본이 '사랑'이라는 메시지를 전한다. 선악과를 통해 하나님은 인간에게 자유의지를 주셨다. 자유의지를 불온하게 사용한 인간에게 '암흑과 사망'이라는 형벌 대신, 독생자를 보내셔서 죄를 대속하시고 '영생'을 허락하신 하나님은 '사랑의 하나님'이시라는 근본적인 깨달음을 얻게 되었다.
이하림

 교회에서 비중 있는 봉사를 하고 양육을 통해 성장하는 영혼들을 보며 기쁨과 보람도 느끼는데, 가끔 지치고 무기력할 때가 있다. '왜 이렇지? 내가 무언가 놓친 걸까?' 질문하던 중 이 책을 읽게 되었다.

선악과로부터 시작해 삶에서 겪은 영적 스토리로 저자가 복음을 명료히 드러내는 동안 내 마음의 문제는 해결되었다. '그래, 하나님 자신이신 예수님이 날 위해 죽으셨는데 무엇을 더 바란단 말인가!' 이 책을 모태 신앙인들과 교회 지도자들에게 먼저 권하고 싶다.
이송희

CONTENTS

추천사 • 4
들어가는 글 • 12

CHAPTER. 1
선악과라는 걸림돌 ——— • 21

물어보면 무조건 혼나는 질문
묵혀 두었던 질문의 부활
십자가로부터 선악과까지

CHAPTER. 2
왜 나까지 죽어야 해? ——— • 33

선악과, 그 사건의 전말
과일 하나 따 먹었을 뿐인데
아담만 죽는 게 아니고 모든 인류가?

CHAPTER. 3
선악은 하나님만 아셔야 하나? ——— • 47

인간은 선악을 알면 안 되나?
선악에도 기준이 있다
내 선악의 기준은 어떨까?

CHAPTER. 4

선악과를 만드신 진짜 의도는? — • 67

처음부터 없으면 될 걸
하나님의 첫 번째 프러포즈
지키기 어려운 제안이었을까?

CHAPTER. 5

그럼에도 불구하고 사랑임을 증명하라 — • 89

선악과는 정말 유도된 덫이 아닌가?
기독교가 독선적일 수밖에 없는 이유
예수님만 고통을 당하셨을까?
미련할 만큼 일방적인 하나님의 사랑

CHAPTER. 6

나를 향한 완벽한 계획 — • 111

나도 아담처럼 사랑하시나요?
인생의 최고 점수를 내라

마치는 글 • 122

들어가는 글

요동하지 않는 믿음

어느 날 아들 목에 달걀만 한 크기의 혹이 생겼다. 갑상선 위치에 생겼기에 급성 갑상선염 정도로 생각했다.

대학병원에서 조직검사를 하고 MRI를 찍었다. 의사는 잘 모르겠다며 오랜 시간을 끌더니 단순 염증으로 진단했다. 검사 결과가 좋게 나왔지만 나는 그들의 태도에 신뢰가 가지 않았다. 믿을 만한 병원을 수소문해 다시 검사를 받았다. 결과는 악성 림프종이었다.

병명을 듣고 나는 오히려 안도했다. 이제야 정말 무슨 병인지 알고 정확한 치료를 시작할 수 있겠다는 안도감이었다. 담당의는 병에 대한 확실한 설명과 함께 더하지도 덜하지도 않은 분명한 치료법을 제시했다.

이전 병원에서 마음고생하며 낭비한 시간은 내게 많은 것을 생각하게 했다. '안다는 것'이 신앙에서도 얼마나 중요한가.

'모르면서 아는 척하기'는 신앙에 무기력함과 부작용을 가져온다. 나는 모르면서 아는 척하느라 얼마나 많은 시간을 낭비했을까.

그렇게 암이 우리 가정에 찾아왔다. 다행히 아들은 평안했고 긍정적이었다. 나 역시 스스로도 놀라울 만큼 안정적이고 평안했다. 우리는 함께 웃고 떠들며 병원에서의 시간을 즐겁게 보냈다. 항암 치료를 받는 긴 기간이 힘들지 않았다는 건 아니다. 다만 감사하게도 하나님을 원망하는 마음이 들지 않았다. 전적으로 하나님의 은혜였다. 나는 병이 낫는 것보다 내 마음의 평안과 하나님을 향한 신뢰가 더 큰 기적이었다고 생각한다.

내가 긍정적인 사람이어서 평안했던 걸까? 아니다. 나는 그렇게 긍정적이지 않다. 아들이 암 판정을 받은 후 어느 날에는 문득 잠에서 깨 통곡하기도 했다. 나 역시 자식보다 내가 아픈 편이 백배 낫다고 생각하는 보통의 부모다. 내 중심에 반석 같은 안정감이 있던 것은 절대 나의 본래 성품이 아니다.

그렇다면 무엇이 나를 평안으로 인도했을까? 무엇이 나를 견고하게 만들었을까?

인생에는 많은 고난이 있다. 어려움이 닥칠 때마다 나는 시험지를 받은 학생이 된다. 고난 앞에 선 내게 하나님은 어떤 답을 원하실까? 이번에도 그랬다. 받고 싶지 않은 시험지가 여지없이 내 손에 들어왔다. 내가 아닌 아들의 고통을 견뎌야 하는 시험지.

젊은 아들에게는 버거운 고난의 무게 앞에 나는 대신 앓아 줄 수도 없는 무기력한 엄마로 섰다. 이번 시험지에 출제된 문제는 "너의 믿음을 증명하라"였다. 내 믿음이 추상적 이론이 아닌 실체임을 증명하는 것. 하나님이 나의 주인이심을, 나를 선한 길로 인도하심을 말로만 믿는 게 아니라 진심으로 믿고, 감사하고, 인내하고, 흔들리지 않아야 했다.

삶이 순탄할 때는 하나님의 존재나 그분의 사랑을 의심하지 않는다. 그러나 지금까지의 인생을 뒤집는 큰 고난이 어느 날 해일처럼 덮치면 대부분의 사람들은 멍해진다.
'내 믿음은 뭐였지? 나는 하나님의 사랑을 정말 믿고 있나? 복음이 이렇게 무기력한 것인가?'
불행이 머무르는 그 순간에는 평안과 감사를 솔직하게 고백하기 어렵다. 하나님을 믿는 이성과 상한 감정 사이에 격차가 생기기 때문이다.

아들의 검사 결과를 듣고 나는 이틀 동안 자신에게 물었다.

'나는 하나님의 선하심을 믿는가? 나는 하나님의 주권을 믿는가?'

이론으로만이 아니라 내 삶의 모든 일 가운데 그 사실을 진심으로 믿는가 하는 질문이다. 거기에는 고통스러운 질문도 포함시켜야 했다.

'만약 하나님이 아들을 데려가신다 해도 나는 그분의 선하심을 믿을 수 있을까?'

목사라고 언제나 의연한 것은 아니다. 물론 하나님을 더 알수록 믿음도 더 확고해지지만, 실제 상황에서 믿음의 고백은 늘 어렵다. 그러나 이럴 때는 이렇고, 저럴 때는 저렇다는 등 상황마다 대답이 달라진다면 믿음이라 할 수 없다.

'최악의 상황이 와도 나는 하나님의 선하심을 믿는가?'

그 답은 입 밖에 꺼내기조차 두려운 고통이었지만, 나는 마침내 고백할 수 있었다. 나는 주어진 상황 속에서 하나님에 대한 내 믿음을 확인했다. 그리고 평안이 찾아왔다. 그렇다. 나를 평안으로 인도한 것은 믿음이었다.

나도 예전에는 이런 믿음의 고백을 할 수 없었다. 가혹한 고난에 여러 번 부딪혔고 그때마다 하나님을 이해할 수 없어 섭섭하고 두려웠다. 하나님마저 의심하면 갈 곳이 없는 걸 알고 믿음 위에 굳게 서려고 발버둥 치는데도 인생이 너무 힘들고 공허했다.
공허와 혼란의 들판에서 반대편을 보니 평생 믿어 온 하나님의 언덕이 있었다. 늘 그 언덕에 머문다 생각했는데 이제 보니 나는 그 언덕 밖으로 내려와 있었다. 다시 그 언덕에 오르려 애썼지만, 마치 집채만 한 쇳덩이를 쇠사슬로 몸에 칭칭 감은 듯 발걸음이 천근만근 무거워 한 걸음 떼기가 힘들었다.

내가 하나님의 언덕에 오르지 못하도록 막은 거대한 쇳덩이는 '의심'이었다.

'정말 하나님은 날 사랑하실까? 정말 하나님은 선하실까? 정말 하나님은 언제나 날 위해 최선의 것을 준비하실까? 정말 그렇다면 어떻게 이런 일이 생길 수 있나?'

의심의 뿌리는 제법 깊었다. 그리고 어느 순간, 의심의 정중앙에 선악과가 있음을 깨달았다.

CHAPTER . 1

·

선악과라는 걸림돌

TREE OF KNOWLEDGE OF
GOOD AND EVIL

TREE OF KNOWLEDGE OF
GOOD AND EVIL

물어보면 무조건 혼나는 질문

찢어진 통장

"엄마가 내 통장을 찢었잖아요."
"내가? 언제?"

나는 기억이 나지 않았다. 그런데 둘째 아들은
중학생 때도 이 말을 하면서 섭섭하다고 했고,
고등학생 때도 이 말을 하면서 섭섭하다고 했다.
처음에는 대수롭지 않게 생각했지만, 시간이 지나면서
어떻게 해야 이 기억을 아들에게서 지울 수 있을지

고민이 되었다.
둘째에게 섭섭한 일이 생길 때마다
그 기억이 아이의 감정을 부추기는 것 같았다.
언제일까? 언제일까?
드디어 생각이 났다.
둘째가 일곱 살도 되지 않은 어느 날,
나는 책상에 앉아 기간이 만료된 통장들을
정리하고 있었다.
혹시라도 남의 손에 들어가 악용될까 걱정되어
통장을 폐기하려고 찢고 있는데 둘째가 들어왔다.
아마 둘째는 그 통장이 자기 것이고,
엄마가 자기를 미워해서 찢는다고 생각했나 보다.

———

대수롭지 않아 보이는 작은 오해가 앙금으로 남아
먼 훗날 작은 의심만 생겨도 불쑥 솟아오른다.
신앙도 그렇다.
하나님에 대한 수많은 크고 작은 오해들이
조금씩 쌓여 저 밑에 가라앉았다가
어느 순간 불신으로 툭! 터져 나온다.
완전 오해인데 말이다.

교회를 오래 다닌다고 다 믿어지고 이해되는 것은 아니다. 어린 시절부터 진지하게 신앙생활을 하고 무척 순종적이던, 다시없을 모범생이던 내게도 마음 한구석에 가시지 않는 의문이 있었다. 바로 선악과의 문제였다.

물론 예수님이 물 위를 걸으셨다는 이야기나 엘리야가 기도했을 때 하늘에서 불이 떨어진 이야기도 믿기는 어렵다. 그러나 기적은 능력의 문제다. 하나님은 내가 가늠할 수 없을 만큼 훨씬 위대하신 분이니 능력에 대한 건 심각하게 문제 될 게 없었다.

하지만 선악과는 달랐다. 선악과에 대한 의문은 내가 믿는 하나님의 성품, 하나님의 선하심에 대한 의문이었다. 어떻게 보면 선악과는 마치 신의 장난 같았다. 하나님은 절대 갖고 놀아서는 안 되는 장난감을 가장 매혹적인 모습으로 가져다 놓고, 거기에 홀딱 넘어가 고통당하는 인간을 지켜보는 신이란 말인가? 이건 하나님의 본성과 관련이 있기에 늘 찜찜했다.

교회에서 학년이 바뀌고 선생님이 바뀔 때마다 나는 눈치를 보며 묻곤 했다.

"선생님, 하나님은 선악과를 왜 만드셨어요?"

대개 이런 대답이 돌아왔다.

"그런 걸 왜 물어?" 혹은 "넌 쓸데없는 데만 관심을 갖니? 그냥 믿으면 돼."

그 후 나는 묻기를 포기했다.

'그래, 내가 이해할 수 없는 무언가가 있을 거야.'

그렇게 의문을 덮어 두었다.

세월이 지나면서 내 신앙심과 헌신은 깊어졌고, 선악과에 대한 의문은 내게 아무런 문제가 되지 않는 듯했다. 하나님에 대한 확신이 그 의문을 덮었던 것 같다. 성경에 하나님의 사랑에 대한 내용이 수천수만 가지가 나오는데 선악과 정도가 무슨 대수일까 싶었다. 그것이 믿음이라고 생각했다.

그러나 잊을 만하면 툭! 불거져 나오는 하나님에 대한 불만, 그리고 의심.

'하나님은 나를 정말 사랑하시는 게 맞을까?'

그때마다 나는 선악과의 문제로 다시 거슬러 올라갔다. 선악과에 대한 나의 의심은 어쩌면 둘째의 찢어진 통장 같은 게 아니였을까?

묵혀 두었던 질문의 부활

그러던 어느 날 선악과를 깊이 묵상할 기회가 찾아왔다. 그리고 하나님을 향한 정체 모를 의심의 쇳덩이가 바로 선악과의 의문이 해결되지 않아 눈덩이처럼 불어난 것임을 깨닫게 되었다. 그때 찾은 답은 내게 잊지 못할 선물로 남았다.

선악과의 은혜를 깨닫자 내 믿음은 예전과 비교할 수 없을 만큼 견고해졌다. 선악과를 만드신 하나님을 이해하지 못해 생겼던 섭섭함과 두려움, 그리고 앙금같이 남았던 의심이 풀리면서 성경과 삶을 바라보는 눈이 완전히 달라졌다.

크리스마스와 새해를 끼고 나는 미국으로 이민 간 언니를 방문했다. 그때 언니네 가족, 언니의 지인 가족과 함께 여행을 가게 되었다.

스모키 마운틴에 있는 산장에서 3박 4일을 보냈다. 겨울 산은 그림처럼 아름다웠고 공기는 정신이 쨍할 만큼 깨끗하고 차가웠다. 자연이 주는 깊은 평안을 누릴 수 있는 산장이었다.

우리는 여행 중에 크리스마스를 맞았고, 크리스마스 예배

말씀은 내가 맡게 되었다. 나는 산장에서 드리는 예배는 정말 멋지겠다고 생각하며 즐거운 마음으로 가볍게 설교 준비를 시작했다.

크리스마스니까 자연스럽게 '왜 예수님이 이 땅에 오셨을까?'라는 질문부터 나왔다. 그 질문이 창세기의 선악과까지 이어질 줄은 꿈에도 생각하지 못했다.

십자가로부터 선악과까지

크리스마스는 예수님의 탄생을 기념하는 날이다.
예수님은 왜 이 땅에 오셨을까?
예수님은 십자가를 지시기 위해 이 땅에서 오셨다.
십자가는 왜 지셔야 했을까?
예수님은 왜 죽을 목적으로 이 땅에 오셔야 했을까?
예수님은 '대신 죽기 위해' 오셔서 십자가를 지셨다.
누구를 위해 대신 죽으셨을까?
인간을 위해 대신 죽으셨다.

그 안에는 나도, 당신도 포함된다.

왜 대신 죽으셨을까?

여기에는 분명한 원인이 있다. 인간이 죽게 되었기 때문이다. 죽게 된 인간을 살리려 선택하신 하나님의 방법이었다.

그렇다면 무엇이 인간을 죽게 만들었을까?

바로 선악과다. 하나님이 먹지 말라고 하신 그 선악과를 따 먹은 사실이 인간을, 모든 인류를 죽게 만들었다.

크리스마스가 존재하는 이유를 거슬러 올라가면 그 시작점에 선악과가 있다. 바다를 향하는 거대한 강물이 산골짜기의 작은 샘에서 시작하듯 말이다. 그 샘에 도달한 나는 어린 시절 덮어 둔 질문을 다시 쏟아냈다.

'하나님, 왜 선악과를 만드셔야 했나요?'

그렇게 시작된 '왜?'의 굽이진 골목마다 하나님은 작은 촛불을 하나씩 밝혀 두셨다.

Question

1. 신앙의 질문(개인적인 의문이나 하나님이 마음 가운데 던지신 질문들)이 생길 때 얼마나 정직하게 직면하나요?

2. 얼렁뚱땅 덮은 수많은 질문 때문에 하나님에 대한 근본적인 의구심을 품은 적은 없나요? 그것을 해결하기 위해 어떤 노력을 해 보았나요?

CHAPTER . 2

•

왜 나까지
죽어야 해?

TREE OF KNOWLEDGE OF
GOOD AND EVIL

TREE OF KNOWLEDGE OF GOOD AND EVIL

선악과는 덫일까? 과연 인류의 늪일까? 아니면 선악과 또한 선하신 하나님의 사랑의 증표일까?

이를 설명할 수 없다면 정말 슬픈 일이 아닐 수 없다. 기독교를 안 믿는 누군가가 "하나님은 선악과를 왜 만들었어? 선악과를 만든 하나님이 인간을 사랑한다고 말할 수 있어?"라고 물을 때, "물론이지, 선악과를 만드신 하나님은 참으로 우리를 사랑하셔!"라고 자신 있게 대답할 수 있는 사람이 몇이나 될까.

선악과는 나 스스로도 수십 년 동안 마음에 묻어 둔 질문이다. 나는 목사가 된 이후에도 다른 사람에게서 선악과 이야기가 나오지 않기를 바라고 있었다.

하지만 지금은 선악과가 사랑의 증표라는 걸 단언할 수 있다. 그리고 이제 선악과가 우리와 어떤 관련이 있는지, 현대를 살아가는 우리에게 어떤 의미가 있는지 이야기하려 한다.

물론 어떤 신앙인들은 선악과를 이미 이해했을 것이다. 안 믿는 사람들은 대부분 관심도 없을 것이다. 이는 전적으로 내 의구심일지 모르지만, 나는 이 의문 앞에 정직하고 싶었다. 그래서 이런 질문을 던지게 되었다.

선악과, 그 사건의 전말

창세기에 나오는 전후 상황은 이렇다.

하나님이 천지를 창조하셨다. 그 마지막 날에 하나님은 가장 소중하게, 흙으로 손수 사람을 빚으셨다. 그리고 그 코에 생기를 불어 넣으시자 인간은 살아 있는 영적인 존재가 되었다.

인간은 하나님의 형상, 하나님의 성품을 품은 존귀한 생명체로 창조되었다. 마치 자녀가 부모의 DNA를 가진 것처럼 말이다. 하나님은 사랑스러운 아담과 하와를 아름답고 완벽한 에덴동산에 살게 하셨다. 그곳은 아름답고, 풍요롭고, 하나님과 온전한 교제를 나눌 수 있는 곳이었다. 마치 천국과 같은 곳, 영원히 존재할 수 있는 곳이었다.

아담과 하와를 에덴에 거하도록 하신 첫날, 하나님은 동산 한가운데 있는 선악과는 먹지 말라고 명하셨다. 그것을 먹으면 반드시 죽을 것이라고 경고하셨다. 그러나 아담과 하와는 유혹을 이기지 못하고 선악과를 따 먹었다. 하나님의 경고대로 에덴동산에서 쫓겨난 아담과 하와는 죽음을 맞는 인생이 되었다.

하나님과의 완벽한 교제와 사랑을 누리는 영원한 삶을 보장받았던 아담과 하와. 그들은 이제 완벽한 교제의 장에서 추방되었다. 즉 하나님과의 단절, 그리고 '죽음'이 그들에게 임한 것이다. 그 후 그들의 삶은 고통과 고난으로 바뀌었다. 선악과를 따 먹은 죄의 결과였다.

모든 믿음을 배제하고 객관적으로 판단했을 때 하나님의 판결에 대한 내 첫 번째 생각은 '과하다'는 것이었다. 과일 하나 따 먹었다고, 고작 하나를 그것도 둘이서 나눠 먹었는데 그 결과로는 실로 엄청난 재앙이 아닌가? 하나님이 너무 심하셨다는 생각이 지워지지 않았다.

과일 하나 따 먹었을 뿐인데

아담과 하와가 과일 하나를 따 먹은 행동은 정말 '죽음'이라는 심각한 징벌이 내려질 정도로 중대한 범죄였던 것일까? 별일 아닌 듯도 한데 말이다.

십분 양보해서 아주 큰 일이었다고 치자. 그래도 아담과 하와 선에서 징벌이 끝났어야지, 그로부터 몇 세대가 지났는지 가늠조차 할 수 없는 지금의 나까지 죄인 취급을 받고 징벌을 받는 게 과연 합리적인가?

선악과를 따 먹는 일이 이토록 치명적인 범죄였다면, 하나님은 훨씬 더 섬뜩하게 경고해서 아담이 절대 따 먹지 못하도록 막으셔야 했던 게 아닐까?

이해가 되지 않았다. 어쩌면 이런 의구심이 풀리지 않아 하나님이 인간을 전적으로 사랑하신다는 말씀 앞에서 내심 고개를 갸우뚱했는지 모른다.

하나님은 나를 사랑하신다고 한다. 이런 말씀을 들을 때 나는 마음 저변에 찜찜함을 느꼈다. 완전히 납득할 수 없지만 그럼에도 믿어야 할 때 남는 찜찜함.

그래서 내가 기도한 대로 응답받지 못하면, 예기치 못한 고난을 만나면, 납득할 수 없는 문제가 내 삶 가운데 덜컥 떨어지면 과거에 품었던 하나님에 대한 의구심이 굴비 꾸러미처럼 줄줄 딸려 나왔다. 심통 맞은 생각이 들었다.

'그렇지, 하나님이 내 기도는 안 들어주시지. 성경에도 수많은 심판과 재앙에 대한 이야기가 있는데 난들 피해 가겠어? 하나님은 나한테만 이러시는 거 같아. 맨날 나만 이게 뭐야.'

마음 깊은 곳에 뭔가 흔쾌하지 않은 기분, 의심, 불만이 있으면 하나님께 기쁘게 나아가지 못한다. 좋았다가 곧 나빠지고, 쉽게 실망하고, 불평하게 된다.

특히 고난을 만나거나 맞닥뜨린 상황이 이해되지 않을 때 이런 의구심은 우리의 약점이 되어 하나님 앞에 나를 100% 던지지 못하도록 막는다. 그래서 성경 한 부분에 불과해 보이는 이 의문의 해소가 중요하다. 이 부분이 풀려야 우리가 예수님을 받아들이는 데, 혹은 그분의 제자가 되어 다른 사람을 제자 삼고, 누군가에게 복음을 전할 때, 보다 자신 있고 당당해질 수 있다.

선악과에 대한 하나님의 명령은 이랬다.

"여호와 하나님이 그 사람[아담]을 이끌어 에덴동산에 두어 그것을 경작하며 지키게 하시고 여호와 하나님이 그 사람에게 명하여 이르시되 동산 각종 나무의 열매는 네가 임의로 먹되 선악을 알게 하는 나무의 열매는 먹지 말라 네가 먹는 날에는 반드시 죽으리라 하시니라"(창 2:15-17).

하나님은 동산 안에 있는 각종 나무의 열매는 모두 먹어도 되지만 단 하나, 선악을 알게 하는 나무의 열매는 절대로 먹지 말라고 사람에게 명하셨다. 먹으면 반드시 죽을 것이라고 하셨다.

불행하게도 아담과 하와는 선악과를 따 먹었다. 그 순간 죽음이라는 징벌이 째깍째깍 작동하기 시작했고, 그 죽음은 영원히 지속되었다.

아담만 죽는 게 아니고 모든 인류가?

하나님은 아담과 하와를 만드신 후 많은 축복의 말씀을 하셨다. 그런데 유일하게 부정적인 명령을 내리신 부분이 있다.

> "동산 각종 나무의 열매는 네가 임의로 먹되 선악을 알게 하는 나무의 열매는 먹지 말라 네가 먹는 날에는 반드시 죽으리라"(창 2:16-17).

인간의 언어로 "빵이 생겨라"라고 말한들 진짜로 빵이 생기지는 않는다. 그러나 하나님의 말씀은 실없는 인간의 말과 다르다. 하나님의 말씀은 능력이 있어서, 선포되는 즉시 발휘되고 이루어진다. 하나님은 그렇게 천지를 만드셨고, 그렇게 인간을 만드셨다.

지금 존재하는 태양, 바다, 하늘과 땅, 생물들 모두 하나님이 태초에 말씀으로 창조하셨다. 하나님이 말씀으로 창조하신 것들은 그날만 존재하는 것이 아니라 하나님이 없어지라고 명령하시기 전까지는 사라지지 않는다. 하나님의 말씀에는 바로 그런 힘과 위력이 있다.

예를 들어 보자. 태양은 언제 생겼을까? 태초에 하나님이 "빛이 있으라" 명령하신 후 넷째 날 큰 빛으로 낮을, 작은 빛으로 밤을 주관하게 하셨다. 그때 생긴 태양이 지금도 계속해서 뜨고 진다.

그렇다면 태양은 언제 사라질까? 하나님이 "태양은 사라져라" 명령하셔야 사라진다. 하나님이 한 번 말씀하신 것은 하나님이 번복하시기 전에는 변하거나 사라지지 않는다. 하나님의 말씀은 일시적이지 않다. 지금까지 그랬듯 앞으로도 영원히 지속된다.

하나님이 아담과 하와에게 "네가 먹는 날에는 반드시 죽으리라" 하셨던 말씀도 마찬가지다. 아담과 하와에게 선포된 죽음은 그 순간에 끝나는 것이 아니라 모든 인류에게까지 쭉 계속된다. 태초에 만들어진 태양이 지금도 뜨는 것처럼 말이다.

영원불변하는 하나님의 말씀의 위력은 선악과에 대해서도 똑같이 작용한다.

인간이 약속을 어김으로 내려진 죽음의 징벌은 어떻게 사라질까? 징벌이 거두어지기를 하나님이 명령하셔야 한다. 하나님이 "빛은 사라져라" 명령하셔야 빛이 사라지는 것처럼, 하나님이 "이제는 죽음이 사라지고 너희는 영원히 살리라"라고 말씀하셔야 "인간은 반드시 죽으리라"라는 하나님의 징벌로부터 자유롭게 된다.

아담이 저지른 죄는 이렇게 우리에게로 이어진다. 하나님을 거스른 아담의 DNA가 우리 본성 속에 하나님을 거스르는 DNA로 탑재되었다. 그것을 끊어 내고 돌이키지 않는 한 우리 모두는 지옥행이 결정되었다.

문제가 터진 것이다.

Question

1. 부모님께 물려받은 유전적 기질 중에 버리고 싶은 것이 있나요?
   타고난 나쁜 기질을 해결하기 위해 어떤 노력을 해 보았습니까?

2. 선악과를 향한 하나님의 의도가 어떻게 느껴지나요? 납득이 되나요?

CHAPTER . 3

•

선악은 하나님만 아셔야 하나?

TREE OF KNOWLEDGE OF
GOOD AND EVIL

TREE OF KNOWLEDGE OF GOOD AND EVIL

선악과를 따 먹는 일이 어떤 일이기에 하나님은 변하지 않는 말씀의 위력으로 중벌을 내리신 것일까? 그것이 모든 인류가 지금까지, 또 앞으로도 고통받을 매우 중요한 일인지 어떻게 납득할 수 있을까?

결과를 고려했을 때 선악과 사건에는 분명 과일 하나 따 먹는 것 이상의 의미가 있을 것이다. 그 작은 행위가 가져온 치명적 결론의 한가운데 '선'과 '악'이 있다.

창세기 말씀을 보자.

"뱀이 여자에게 이르되 너희가 결코 죽지 아니하리라 너희가 그것을 먹는 날에는 너희 눈이 밝아져 하나님과 같이 되어 선악을 알 줄 하나님이 아심이니라"(창 3:4-5).

인간은 선악을 알면 안 되나?

뱀이 여자에게 말했다.

"너희는 결코 죽지 않아. 오히려 하나님처럼 선악을 알게 될 거야."

죽지 않는다는 뱀의 말은 거짓말이고 속임수다. 하지만 잘 살펴볼 필요가 있다. "너희가 선악과를 따 먹는다면 너희는 하나님과 같이 선악을 알게 될 것이다." 이 부분을 읽으면 이런 생각이 든다.
'인간은 선악을 알게 되면 안 되나? 하나님만 선악을 아셔야 하나? 하나님은 인간이 선악을 아는 게 싫으신가? 하나님은 우리가 무지하길 바라시나?'
하와도 나와 같은 의구심이 들었는지 모른다. 하와는 결국 사탄의 말에 넘어가 선악과를 따 먹었다. 마귀의 유혹은 늘 이렇다. 당장은 맞는 것 같지만 끝에는 최악의 결과를 불러온다. 선악과를 따 먹은 아담과 하와는 곧바로 죽지 않았다. 하지만 결국 영원한 죽음을 맞게 되었다.

마귀의 말처럼 인간은 눈이 밝아지고 선악을 알게 되었다. 그런데 인간이 '알게 된 선악'이 문제였다. 선악과 문제의 핵심은 아담과 하와가 하나님의 명령을 어기고 과일을 따 먹은 행위 자체에 있기보다 그 결과로 인간이 '왜곡된 선악'을 알게 되었다는 데 있다.

내 마음에는 이런 의구심이 있었다.

'인간이 스스로 선과 악을 구분하고 선을 택해 살면 하나님도 편하실 텐데 왜 굳이 막으셨을까? 아니면 인간을 우매한 존재로 남겨 두고 싶어서 하나님이 시샘을 부리신 걸까?'

그런데 선악과 사건의 핵심은 선악을 '알고 모르고'의 문제가 아니라 '어떤' 선악을 아느냐에 있었다. '어떤 선악'이라는 개념이 전제될 수 있다는 사실을 이전에는 전혀 생각하지 못했다. 다시 말해, 아담과 하와가 선악을 아는 것에 대해 하나님이 샘을 내고 싫어하신 게 아니다. 문제는 '아담과 하와가 그것을 따 먹어서 알게 되는 선악이 하나님의 선악과 다르다'는 데 있었다.

선악과를 따 먹음으로 '하나님의 선악'과 '나의 선악'이 완전히 달라지고 말았다.

여긴 우리 땅이야

김씨네와 박씨네는 농사짓는 땅이 서로 붙어 있었다.
그러던 어느 날 큰 홍수가 나더니 두 집의 논밭이
다 물에 잠겼다. 그리고 땅의 경계가 사라졌다.
그때부터 두 집안은 다른 주장을 했다.
알 수 없는 논의 경계를 두고
서로 자기네 땅이 더 볼록했다고 주장했다.
조금이라도 더 자기 땅을 갖겠다는 욕심에
싸움은 끝나지 않았고, 결국 이 일은 마을 전체의
싸움으로 번졌다. 김씨는 박씨 편을 드는 사람은
아주 나쁜 사람이라고 했고, 박씨는 김씨 편을
드는 사람이 아주 나쁜 사람이라고 했다.

> 과연 누가 나쁜 사람일까?
> 서로 자기편을 드는 사람은 선한 사람이고,
> 다른 편을 드는 사람은 나쁜 사람이다.
> 이 선악의 기준은 무엇일까?
> 어느 쪽이 나에게 유리한가, 하는 것이다.
> 이것이 인간이 가진 선악의 기준이다.

우리나라 사람들에게 와닿을 만한 예가 있다. 요즘 들어 일본이 우리나라와 다르게 주장하는 것들이 많다. 일본의 주장을 들으면 한국 사람들은 분노를 느낀다. 그들의 주장이 완전히 잘못되었고 악하다고 생각하기 때문이다. 독도 문제, 위안부 문제 등 그들이 확신에 차서 말할수록 우리는 더 큰 분노를 느낀다.

그들의 선과 우리의 선이 다른 것이다. 우리에게 선한 것이 그들에게는 악하고, 우리에게 악한 것이 그들에게는 선하다. 선악의 잣대가 달라서 그렇다. 왜 다를까? 같은 시대를 사는 같은 인간인데 말이다.

개인도 마찬가지다. 정말 싫어하는 사람이 있다면 잠시 생각해 보라.

'나는 그 사람의 어떤 점이 싫을까? 어떤 점에 화가 날까? 그는 자신의 행동에 대해 나처럼 느낄까?'

"당신은 왜 그렇게 행동합니까?" 묻는다면 그 사람은 뭐라고 대답할까? 그 사람도 자기 행동을 악하고 불쾌하게 생각할까? 아니다. 그의 기준에는 그 행위를 옳다고 여길 명분이 충분하다.

내가 미워하거나 싫어하는 대상뿐 아니라, 심지어 나의 배우자, 가족 중에서도 서로 너무 다른 기준들을 확인할 수 있다. 그만큼 인간은 저마다 다른 선악의 기준을 가진다.

우리는 무엇을 선하다고 하는가? 아프리카 아이들을 돕는 것, 자선 사업을 하는 것, 누구를 위해서 기부하는 것. 그것이 전부는 아니다. 좀 더 포괄적으로 자신이 무엇을 선하다 말하는지 면밀히 살펴보자.

대부분 나에게 이익이 되는 것, 혹은 도움이 되는 것을 선하다고 말할 것이다. 일본은 일본에게 이익이 되는 것을 선하다고 하고, 우리나라는 우리나라에게 이익이 되는 것을 선하다고 한다. 이것이 인간의 생각이다. 자기에게 이익이 되는 것이 선하고, 자기에게 손해가 되는 것은 악하다.

하나님과 관련하여 생각해 보자. 성경은 하나님이 선하시다고 하는데 나는 지금 고난 가운데 있다. 손해를 보고, 질병에 시달리고, 사업이 망해 빈털터리가 되었다. 그래도 하나님은 선하시다고 선뜻 마음으로부터 고백할 수 있을까?

솔직히 납득이 안 되고 하나님의 선하심이 받아들여지지 않아서 신앙생활이 힘든 것 아닌가? 하나님은 고통도 선하다고 하신다. 환난도 선하다고 하신다. 그런데 나는 도무지 그것이 선하다고 믿기지 않는다.

믿을 수 있다면 아마 훨씬 수월하게 고통을 받아들이고, 인정하고, 순응하며 살았을 것이다. 그러나 우리는 당황과 분노, 납득하지 못함으로 인한 고통이 더 커진 상태에서 견뎌 내려고만 한다.

우리가 납득할 수 없는 하나님의 선에 대한 정의는 무엇일까? 이해할 수 없는 인간과 인간의 간극, 하나님과 인간의 간극을 어떻게 해야 할까?

왜 이런 문제가 생겼을까? 바로 아담과 하와가 선악과를 따 먹은 데서 말미암았다. 그 순간에는 사탄의 말이 맞는 듯 보였다. 선악과를 따 먹고 그들은 정말로 선악을 알게 되었다. 그런데 그렇게 알게 된 선악은 하나님의 선악이 아니었다. 그게 문제였다.

선악에도 기준이 있다

선악에도 기준이 있다. 선과 악은 원래, 하나님을 중심으로 하나님이 선하다고 하신 게 선이고, 하나님이 악하다고 하신 게 악이다. 하나님은 완전하시고 온 우주를 만든 신이시다. 위대하고 전능한 창조주시다. 그 하나님을 중심으로 하나님이 판단하시는 선이 선이고, 하나님이 판단하시는 악이 악이다.

인간이 사탄의 꼬임에 넘어가 선악과를 따 먹고 알게 된 선악은 하나님을 중심으로 한 선악이 아니었다. 하나님을 선악의 중심에서 끌어내리고 인간이 그 자리에 들어간 선악이다. 내가 선하다 하는 것이 선이고, 내가 악하다 하는 것이 악이 되는 인간 기준의 선악이다.

이것은 변질된 선악이다. 선악의 기준, 선악의 주인이 인간이 되었다. 아담과 하와는 자기중심의 이기적이고 악한 기준으로 선과 악을 나누게 되었다.

아담과 하와의 근본적인 잘못은 여기 있다. 하나님의 명령을 어기고 선악과를 따 먹은 단순한 행위가 아니라 선악의 기준에서 하나님을 끌어내리고 그 자리를 찬탈한 데 그들의 진짜 죄악이 있다.

이 사건은 그냥 지나다가 사과 하나, 배 하나 따 먹은 게 아니다. 하나님만이 기준이 되셔야 하는, 하나님이 주인이신 자리에서 하나님을 밀어내고 내가 선악을 가리는 주인이 된 것이다. 이것이 사탄의 노림수였다. "네가 하나님과 같이 될 것이다"라는 사탄의 말은 바로 이런 결과를 말하는 것이었다.

그 후 인간은 자기중심의 이기적인 기준으로 천 갈래 만 갈래 선악을 나누며 살았다. 인간이 만 명이면 만 개의 기준으로, 60억 명이면 60억 개의 기준으로 선악을 규정하게 되었다. 분쟁과 전쟁과 싸움이 그치지 않는 이유가 여기 있다. 사탄이 심은 불순종에서부터 시작되어 끝내 인간에게 들어온 선악 때문에 말이다.

하나님이 아닌 '나'를 주인으로 삼은 죄. 바로 우리를 하나님 앞에 죽을 수밖에 없는 범죄자로 만드는 죄목이다.

나도 어른처럼 할 수 있어

세상에서 제일 무섭다는 중2 학생의 이야기다.
그 아이는 언제나 어른처럼 멋지게 자가용을 몰고 싶었다.
선글라스를 끼고 창문에 팔을 걸친 채 운전을 하고 싶었다.
아버지가 운전하는 걸 유심히 옆에서 지켜보니
별로 어렵지 않아 보였다.
한 친구가 "야! 너도 할 수 있어. 별거 없어. 게임에서 다 해 봤잖아"라고 그를 부추겼다.

다음은 아주 간단했다.
아버지가 주무시는 사이 차 키를 훔쳤다.

그리고 질주했다.
교통법규 따위는 필요 없었다.
가고 싶은 대로 가고, 달리고 싶은 대로 마구 달리며
스스로 어른이 됐다고 느꼈다.

―――――――

아이는 자신의 생명을 위협하고 있었다.
운전을 한다고 아이가 어른이 되는 것도 아니었다.
단지 위험하고 철없는 죄를 지은 것.
사건의 진실은 그뿐이었다.

  선악과를 따 먹은 죄는 단순히 과일 하나 따 먹은 죄가 아니다. 하나님의 자리를 빼앗고, 하나님을 밀어내고, 그 자리에 나를 세워 나를 중심으로 선과 악을 구별한 죄다. 사탄의 의도는 정확히 맞아떨어졌다. "하나님을 밀어내고 네가 신이 되라"는 유혹에 아담과 하와는 그대로 넘어가 버렸다.

내 선악의 기준은 어떨까?

아담과 하와만이 아니다. 지금 나의 선악도 마찬가지다. 예수님을 믿고 하나님의 자녀가 되었지만, 나의 선악도 아담처럼 이기적이고 변덕스럽다. 그 기준이 하나님의 뜻과 일치하지 않는다.

이러니 성경을 보고 믿으면서도 때로는 진정한 선이 무엇인지 고민하고 갈등하는 때가 한두 번이 아니다. 사람과 사람 사이 선악의 문제는 말할 것도 없다.

"어떻게 저럴 수 있어?", "보면서도 내 눈을 믿을 수가 없군", "이건 동영상을 찍어 놔야지, 안 그러면 누구도 안 믿을 거야"라고 할 법한 일들이 세상에는 비일비재하다.

처음 세상에서 사역을 시작했을 때 역시 세상은 교회와 다르다고 생각했다. 그러나 솔직한 말로, 교회는 또 뭐 그리 다르겠는가. 세상에서 일어나는 일들이 교회에서도 일어나니 말이다.

세상에서 느끼는 당혹감을 "세상이 교회와 달라서"라고 말하지 못할 것 같다. 세상에는 더 다양한 사람들이 있고, 그래서 더 많은 격차를 느끼는 것이다. 나는 그 많은 격차가 당황스럽고 혼란스러웠다. 어쩌면 다른 사람들 또한 나를 보며 내가 느낀 충격을 느꼈는지 모른다. 심지어 때로는 세상 속에서 사역을 할 때 나의 선악이 바뀌는 것도 느낀다.

우리는 너무도 거대한 세상적 선악의 기준 앞에 무기력함을 느끼고, 때로는 지혜라는 이름으로, 때로는 기다림 혹은 포기라는 이름으로 갈등한다.

예수를 그리스도로 영접했다고 해서 그 본성이 바뀌어 100% 하나님의 기준으로 선악을 바라보게 되는 건 아니다. 이것이 아담과 하와가 인류에게 준 죄의 폐해다. 인간의 모든 본능은 자신의 생존과 유지만을 기준으로 한다. 그래서 성경적 기준과 내 기준이 그렇게 자주 충돌하는 것이다.

선악과를 따 먹은 아담에게 하나님은 생명나무를 금하셨다. 선악과를 따 먹은 벌로 죽게 되었으니, 당연히 죽지 않기 위해 아담은 생명나무를 갈망할 것이다.

그런데 하나님은 인간을 사랑하신다면서 왜 생명나무 열매를 못 먹게 하셨을까? 사랑하는 아담을 다시 죽지 않고 영원히 살게 할 간단한 방법이 생명나무에 있는데 말이다.

선악을 알게 된 인간이 괘씸해서일까? 아니면 이조차 인간을 위한 것일까?

언제나 조금만 더 생각하면 하나님은 항상 인간을 위하심을 알 수 있다. 내가 이해하지 못할 뿐이지, 아니 성경과 하나님의 일하심을 자주 오해할 뿐이지 하나님의 인간을 향한 사랑과 선하심은 한결같다.

생명나무도 그렇다. 왜곡된 선악을 가진 인간이 하나님을 다시 선악의 중심에 모시지 않고 그냥 생명나무 열매를 먹는다면 인간은 온전한 상태로 돌아갈 기회를 영원히 상실하고 영원한 왜곡 속에 살게 된다.

마치 동화 속 왕자가 개구리가 된 채 생명수를 마셔서 영원히 개구리로 살게 되는 것과 같다. 생명수는 다시 왕자로 돌아온 다음에 주어져야 순서가 맞는 것이다.

그런데 우리는 '기왕 선악과도 먹었는데 그까짓 생명나무 열매 좀 먹으면 어때서! 한 번 주신 거 그냥 계속 좀 주시지'라고 생각한다. 늘 꼬여 있는 우리는 '하나님이 주기 싫으셔서'라고 해석한다.

한 불효자식이 사기를 당해 집을 날렸다고 치자. '어차피 날렸는데, 주는 김에 다른 통장까지 주자' 하는 부모가 있겠는가? 남은 것이 밭이든 통장이든 무엇이든 절대로 못 건드리게 할 것이다. 왜? 자식이 다시 재기할 수 있는 기회를 지켜 줘야 하기 때문이다.

생명나무를 금하신 하나님의 의도 역시 우리에게 주기 싫으셔서가 아니다. 하나님은 우리가 병든 채로 영원히 살게 되면 다시는 하나님을 만날 기회가 없어질 것을 아시기에 막으신 것이다. 우리가 천국 갈 기회를 하나님이 지키신 것이다. 그래서 아담과 하와가 생명나무 열매를 먹지 못하도록 에덴동산에서 쫓아내셨다.

이제 우리 조상 아담이 먹은 선악과, 그리고 우리 안에 지속되는 죄의 DNA가 어떤 의미인지 알게 됐다. 선악과를 먹은 죄는 단순히 과일 하나를 따 먹은 죄가 아니라, 인간이 선악의 기준에서 하나님의 자리를 찬탈하고 스스로 세상의 중심이 된 죄악이다.

Question

1. 선악과의 징계는 과일 하나 따 먹은 일에 대한 결과인가요, 아니면 다른 의미의 범죄에 대한 결과인가요?

2. 만일 왜곡된 기준으로 세상을 바라보는 것이 사실이라면, 나의 판단은 얼마나 믿을 만한가요?

CHAPTER . 4

·

선악과를 만드신 진짜 의도는?

TREE OF KNOWLEDGE OF
GOOD AND EVIL

TREE OF KNOWLEDGE OF
GOOD AND EVIL

처음부터 없으면 될 걸

하나님은 선악과를 왜 만드셨을까? 그렇게 위험천만한 거라면 아예 만들지 마시지, 왜 만드시고 또 선택권을 주셔서 말썽인 걸까?

아니면 아예 다른 것은 생각도 하지 못하게 우리를 로봇처럼 만드시던가. 이렇게 위험한 것을 만들어 놓고 선택하라고 하시다니. 그러면서 그 책임을 왜 우리에게 덤터기 씌우시는 걸까? 이런 하나님이 우리를 사랑한다고 말할 수 있을까?

또 하나님이 아담을 사랑하셨다면 모든 걸 허락하셔야 하는 것 아닐까? 왜 예외를 두셨을까?

하나님을 향한 솔직한 불만이기도 하다. 하나님은 왜 이리

박하신지, 하나님이 주시는 것은 왜 늘 모자라게 느껴지는지. 우리는 늘 생활이 풍족하기보다는 모자라다고 생각하면서 하나님을 원망하지 않는가.

나한테 해 준 게 뭐가 있어?

어느 선생님이 고3 학생의 집을 찾아가
진로를 상담해 주고 공부도 가르쳐 주었다.
그 학생은 늘 불만이 많고 학업에도 흥미가 없었다.

아주 추운 겨울날 선생님은 눈을 맞으며 학생을 방문했다.
그날도 학생은 투덜투덜 불만을 터뜨렸다.
"이것도 싫고 저것도 싫고,
이것도 부족하고 저것도 부족하고.
우리 부모님은 정말 너무해요!
나한테 아무것도 해 준 게 없어요!"
선생님은 그 학생을 빤히 쳐다보며 말했다.
"너, 밖은 이렇게 추운데, 넌 지금 반팔만 입고 있다는 거 아니?"

> 집이 따뜻해 한겨울에도
> 여름처럼 얇은 반팔을 입고 있으면서
> 학생은 부모가 자신에게 해 준 것이
> 하나도 없다고 말한다.
> 자기가 바라는 '그것'을 받지 못하면
> 한겨울에 반팔을 입었으면서도
> '아무것'도 받지 못했다고 말하는 게 인간이다.

 우리는 하나님이 선악과까지 모두 주셨어야 했다고 성토한다. 왜 그런 것을 금지해서 나를 번거롭게 만드셨냐고 투정한다. 하나님이 나를 사랑하지 않아서 나를 괴롭히는 거라고 몰아붙인다.

 하나님은 왜 선악과를 만드셨을까? 그 이유를 이해하려면 '사랑'의 특성에 대해 다시 생각해 봐야 한다. 사랑을 잘못 정의하는 데서 하나님에 대한 우리의 오해가 시작된다.

 "사랑하면 다 주면 되잖아요. 사랑한다며 뭘 아껴요? 내가 기쁘면 하나님도 기쁘신 거 아닌가요? 하나님의 사랑은 크다면서요? 하나님은 인간이 원하는 거 다 주실 수 있잖아요"라며, 사랑은 모든 것을 주고 다 허용하는 거라고 정의를 내린다.

그런데 사랑이 정말 그런 걸까? 사람들 사이의 사랑을 한번 생각해 보자. 하나님과 비교하기 위해서, 우리에게도 상대가 원하는 것을 모두 줄 수 있는 능력이 있다고 전제해 보자.

부부 사이, 연인 사이에 서로 바라는 것이 있다. 그럼 우리는 상대방이 바라는 것을 모두 허용할까? 사랑하는 사람이 기뻐하는 일이면 다 해 주는가? 과연 그럴까?

난 다 허락할 수 있어요

매우 열정적으로 사랑하는 남녀가 있었다.
그들은 이 사랑이 영원히 변하지 않을 거라 확신했고,
상대가 원한다면 자신의 생명도 줄 수 있다고
늘 이야기했다. 그리고 그들은 결혼했다.
그러던 어느 날 여자는 남자가 바람이 난 것을 목격했다.
여자는 남자에게 불같이 화냈다.
그러자 남자가 말했다.
"날 사랑한다며! 당신의 생명도 줄 수 있다며!

당신이 목숨보다 사랑하는 내가 좋다는데,
내가 다른 여자 만나는 게 즐겁다는데,
당신이 날 위해 이 정도는
허락해 줘야 하는 거 아냐?"

───────────

사랑하는 사람이 기뻐한다면
아내가 다른 남자를 만나는 것도 허용하겠는가?
내 남편이 그렇게 좋아하니
다른 여자 여럿을 함께 만나도 괜찮은가?
우리의 대답은 "절대 그럴 수 없다"이다.
왜? 그건 사랑이 아니니까.

사랑에는 허용할 수 있는 것이 있고, 절대 허용할 수 없는 것이 있다. 내가 아닌 다른 사람을 사랑하는 것은 허용할 수 없다. 그것을 부부 간 혹은 연인 간의 사랑이라 할 수 없기 때문이다. 사랑하기 때문에 다른 사람을 허락할 수 없는 것. 그것이 바로 사랑의 철저한 배타성이다.

그런데 하나님은 우리를 무어라 부르시는가? 하나님은 우리를 신부라 부르신다. 하나님이 우리에게 바라시는 것은 신랑, 신부와 같이 동등하면서도 온전한 사랑의 관계다.

그래서 성경에는 '질투하시는 하나님'이라는 표현이 나온다. 사랑하는 사람의 외도에 질투하지 않는다면 상대를 사랑하는 것이 아니다. 우리는 이것을 누구보다도 잘 알면서 유독 하나님께만 우리의 외도를 허용해 주시길 강요한다.

내 연인이 다른 이성에게 눈을 돌리면 죽일 것처럼 덤벼들면서 하나님께는 내가 다른 신을 섬겨도, 내가 다른 마음을 가져도 다 허용해 달라고 요구한다.

마치 외도하는 남편이 아내에게 "나를 사랑한다면 내가 즐거워하는 것 좀 하게 두면 안 되냐"라고 뻔뻔스레 외치듯 말이다.

하나님은 우리의 생각보다 훨씬 더 많이, 깊이, 그리고 크게 인간을 사랑하신다. 우리가 상상할 수 없을 만큼 사랑하신다. 그 완벽한 사랑의 교제를 우리와 영원히 누리기 바라신다. 그런데 나는 여기에 대해서도 깊이 오해하고 있었다.

하나님의 첫 번째 프러포즈

하나님은 우리를 얼마나 사랑하실까? 나는 어린 시절, 하나님은 신이시고 난 인간이니까 하나님이 나를 사랑하시는 건 반려견을 사랑하는 것과 비슷할 거라 생각했다. 진짜 가족처럼 여기며 늘 걱정하고 돌봐 주고, 죽으면 엉엉 울게 되는 그런 강아지 말이다. 나는 그조차 매우 감동적이었다. 하나님은 신이시니까 말이다.

그러나 착각이었다. 하나님과 인간 사이의 아주 큰 격차 때문에 나는 하나님의 마음을 상상하지 못했다. 그리고 그 착각은 하나님에 대한 오해와 원망의 근원이 된다는 사실을 알게 되었다. 하나님이 인간을 창조하시고 사랑하시는 마음은 우리가 강아지를 사랑하고 강아지에게 복종을 기대하는 차원이 아니다. 하나님은 인간을 그분의 신격과 거의 같은 위치에 올려놓고 우리를 사랑하시고 우리의 사랑을 바라신다.

하나님은 예뻐하는 강아지와 장난치는 정도를 기대하며 인간을 만드신 게 아니다. 인간에게 인격을 주신 하나님은 우리가 그분의 사랑을 받아들이기로 스스로 선택하고, 다시 우리의 사랑을 표현하는 영적인 신랑, 신부의 진정한 관계를 기대하며 인간을 창조하셨다.

나는 우리를 향한 하나님의 사랑이 그렇게 높은 차원일 것이라 상상하지 못했다. 설마 인간을 그렇게 존중하실까, 생각도 하지 못했다. 그런데 하나님은 이렇게 흠 많고 죄 많은 인간을 천사보다 높게 여기시는 것이다.

> "그가 천사보다 훨씬 뛰어남은 그들보다 더욱 아름다운 이름을 기업으로 얻으심이니 하나님께서 어느 때에 천사 중 누구에게 너는 내 아들이라 오늘 내가 너를 낳았다 하셨으며 또다시 나는 그에게 아버지가 되고 그는 내게 아들이 되리라 하셨느냐"(히 1:4-5).

어떻게 인간이 천사보다 더 나을 수 있을까, 의아했지만 그 사랑의 수준을 이해하면서 나는 알았다. 천사가 하나님의 종이라면 인간은 신부이고 자녀이며 하나님의 유업을 받을 사랑의 대상이라는 사실을 말이다.

이 사실을 전제로 다시 보면 다른 사랑을 허용하지 않으시는 하나님의 절절한 사랑을 이해할 수 있다. 하나님은 진정한 사랑을 위해 선악과가 필요하셨다.

아담을 손수 빚어 만드신 하나님은 서로 눈을 마주 보고 사랑할 수 있을 만큼 아담의 격을 또 하나의 신처럼 올려놓으시고 신부처럼, 자녀처럼 사랑하셨다. 아담을 위해 완벽한 환경을 만드시고 거기서 아담이 행복을 누리게 하셨다. 아담에게 부족한 것이 있었을까? 전혀 없었다.

하나님은 그분이 하실 수 있는 표현을 다해 아담을 사랑하셨다. 그러나 하나님의 일방적인 표현만으로는 진정한 신랑과 신부가 될 수 없었다.

혼자 사랑하기로 마음먹고 한 결혼이라도 일평생 한쪽만 사랑하고, 한쪽만 상대에게 모두를 준다면 그 관계는 행복하기 힘들다. 부모 자식 관계도 그렇다. 어린 자녀가 고사리손으로 과자 하나 부모 입에 넣어 줄 때 부모는 그 감동과 행복감으로 세상 모든 것을 아이에게 주겠다고 작정한다.

아담은 어떻게 표현할 수 있었을까? 아담은 받기만 했다. 모든 것을 받았다. 심지어 하나님께는 부족한 것도 없다. 아담이 하나님께 무엇을 드릴 수 있겠는가.

텔레비전을 보다가 공감이 가는 이야기를 들었다. 부부가 나오는 토크쇼였는데, 한 여자 게스트가 이렇게 말했다.

"내가 남편에게 바라는 것은, 내가 좋아하는 일을 해 주는 게 아니라 내가 싫어하는 짓을 안 하는 거예요. 그때가 제일 고마워요."

우리의 정곡을 찌른 말 같다. 게스트는 이렇게 덧붙였다.

"선물 안 줘도 되니까 제발 술 좀 그만 마시고, 양말 좀 뒤집어 놓지 말고, 나가서 다른 여자들에게 너무 친절하지 않으면 좋겠어요."

모두 고개를 끄덕였다.

하나님도 아담을 사랑한 만큼 아담의 사랑을 받고 싶지 않으셨을까? 그러나 아담은 아무것도 드릴 게 없었다. 그래서 하나님은 아주 작은 제한을 두셨다. 하나님이 싫어하시는 일을 아담 스스로 자제함으로, 그가 하나님을 존중하고 사랑하고 하나님을 위해 노력함을 표현할 수 있게 말이다. 이때 자제하는 행위는 완벽히 자발적인 선택이어야 했다. 그래야 아담의 사랑이 증명될 수 있었다.

> **꼼짝 마! 넌 나랑 결혼해야 해!**
>
> 한 청년이 같은 동네에 사는 아가씨를 사랑했다.
> 그는 무려 10년을 짝사랑하며
> 그녀가 자신을 사랑해 주기를 간절히 기다렸다.
> 청년은 절대로 다른 여자와 결혼할 수 없다며
> 그녀의 마음이 자신에게 오기만을 오매불망 기다렸다.
> 그런데 10년이 지나도 그녀의 마음은
> 청년에게 돌아서지 않았다.
> 그는 몽둥이를 들고 가 그녀를 협박했다.
> "나랑 결혼해! 난 너밖에 없어.
> 난 지난 10년 동안 너만 사랑했어. 너도 날 사랑해야 해!"
> 온갖 공갈과 협박으로 그녀는 어쩔 수 없이
> 청년과 결혼했다.

> 청년은 그녀와 결혼해 기뻤을까?
> 그녀는 청년을 사랑해서 결혼한 것인가,
> 아니면 무서워서 결혼한 것인가?

온전한 사랑은 그 동기가 순수하고 자발적이야 한다. 억압이나 강압에 의한 고백은 참된 사랑이라 할 수 없다.

하나님은 아담에게 선택권을 주셨다.

"네가 정말 나를 사랑하느냐? 나는 너를 사랑해서 너를 만들었고 너에게 모두를 주었다. 이 작은 제한을 나를 위해 지켜줄 수 있겠느냐?"

아담 스스로 선택하지 않는다면 그것은 사랑일 수 없다. 협박해서 또는 로봇처럼 조종해서 받은 고백에는 사랑이 없다. 거짓이기 때문이다. 그래서 하나님은 인간에게 절대적으로 온전한 선택권을 주신 것이다.

자녀를 무섭게 통제하는 무시무시한 부모에게 자녀가 두려움에 사로잡혀 사랑한다고 고백한다면 그 부모는 기쁠까? 하나님이 그런 분이시길 우리는 바라는 걸까?

어린 시절 나는 차라리 내게 선택권이 없었으면, 하고 바랐다. 하나님이 나를 순종모드로 고정해 놓고 로봇처럼 부리시면 내가 나쁜 선택을 못하니 더 낫지 않을까 생각했다. 하나님이 인간을 노예처럼 혹은 장난감처럼 다루시길 기대한 것이다.

그러나 하나님이 인간을 얼마나 사랑하시는지, 인간을 얼마나 높은 격으로 존중하시는지, 인간의 마음에서 우러나오는 하나의 진심을 얻고자 얼마나 노심초사하시는지 알고서 나는 로봇설이 하나님을 파렴치한으로 만들 뿐 아니라 나의 격을 한없이 땅바닥에 처박는 일임을 알았다.

나의 무능함과 왜곡된 선악 때문에 때때로 고민하고, 실수하고, 죄에 넘어지지만 그럼에도 불구하고 나에게 온전한 선택권을 주신 하나님, 내가 자발적으로 "하나님, 사랑합니다"라고 고백하기를 바라시는 그 크신 사랑과 존중에 나는 감동했다.

부족함이 없으신 하나님이 왜 인간의 사랑을 원하실까? 왜 그렇게까지 사랑하실까? 이건 넘치도록 과분한 사랑임이 틀림없다.

선악과는 우리가 상상할 수 없을 만큼 인간을 존중하시고, 높이시고, 우리의 눈을 마주 보며 "나와 동행하자. 우리 서로 사랑하자" 하신 하나님이 "네, 그러겠습니다. 하나님을 사랑합니다"라는 고백을 받기 원하신, 인간을 향한 그분의 첫 번째 프러포즈였다. 선악과는 장난도, 덫도, 억하심정도 아닌 하나님의 순수한 사랑 고백이며 하나님이 보이신 최고의 인간존중이었다.

지키기 어려운 제안이었을까?

여기서 또 하나의 의구심이 든다.
혹시 하나님은 인간이 지키기에는 너무 어려운 조건을 제안하신 건 아닐까?
선악과를 안 먹는 일이 힘들지는 않았을까? 혹시 에덴동산에 있는 나무의 열매들은 다 맛이 없고 선악과만 유독 맛있었을까? 아니다. 에덴동산은 그야말로 완벽한 아름다움과 모든 조건을 갖춘 곳이었다. 성경에서 에덴동산은 언제나 완벽한 풍요의 상징이다.

다 먹어! 혹은 먹지 마!

1.
"아들! 뷔페에 왔으니까 실컷 먹어.
여기 네가 좋아하는 음식이 가득해."
"와!! 신난다."
"근데 저기 있는 거 있지? 저건 맥주야.
그건 먹으면 안 되니까 그것만 빼고 다 먹어."
"네!"

2.
"아들! 점심도 굶었지?
여기 아주 맛있는 피자가 있어.
하지만 넌 절대 먹으면 안 돼!

아무리 배고파도 먹으면 안 돼!"
"네… 아빠….."

───────

선악과를 먹지 말라는 하나님의 명령은
두 예시 중 어디에 해당할까?

하나님은 정말 말도 안 되는 환경에서
고통스럽게 굶주림을 참는 아담에게
유일한 양식이며 아주 먹음직스러운 선악과를
보여만 주시고 견디라 하신 것일까?

"이에 롯이 눈을 들어 요단 지역을 바라본즉 소알까지 온 땅에 물이 넉넉하니 여호와께서 소돔과 고모라를 멸하시기 전이었으므로 여호와의 동산 같고 애굽 땅과 같았더라"(창 13:10).

성경을 보면 여호와의 동산인 에덴은 부족함이 없는 풍요의 땅이었다. 선악과 말고도 먹을 것이 넘쳐 나고 아름다운 과일이 천지에 널렸다. 선악과에 대한 욕망은 호기심과 탐욕의 결과, 못 갖는 것에 대한 동경이었지 다른 과일이 맛이 없거나 먹을 것이 부족해서가 아니었다.

선악과가 아니어도 배불리 먹을 수 있었고 선악과 말고도 아름다운 볼 것이 많았다. 그럼에도 불구하고 아담은 선악과를 따 먹었다. 그런데 무슨 이유인지 우리는 두 번째 예시처럼 각박하고 모진 하나님을 연상한다.

"너는 굶어 죽어라", 혹은 "너는 맛없는 것만 먹어라" 하며 하나님이 아담에게 어렵고 힘든 일을 요구하셨다는 뒤틀린 마음이 있다. 그리고 '하나님은 우리에게 다 주지는 않아. 술도 못 먹게 하고 담배도 못 피우게 해. 하나님은 인간을 괴롭히는 게 재밌나 봐' 하고 생각한다.

하나님은 분명 첫 번째 예시처럼 말씀하셨다. 선악과를 제외한 모두를 허용하시며 그것으로도 부족함이 없음을 말씀하셨다. 그런데 우리는 꼭 "먹지 마! 하지 마!" 하는 몇 단어에 하나님을 매도하고 그것으로 하나님을 탓할 명분을 삼는다.

이런 태도는 아담을 참 닮았다.

선악과를 먹지 말라는 말씀, 하나님을 사랑한다면 아담이 자발적으로 따랐어야 하는 그 말씀은 결코 어렵지 않았다. 가벼운 제약이었음에도 아담은 스스로 하나님이 싫어하시는 일을 하기로 선택했다.

사랑하는 사람이 스스로 다른 연인을 선택했다. 그때의 비참함을 느껴 보았는가? 인간을 향한 하나님의 첫 번째 프러포즈는 그런 식으로 거절당했다. 아담이 하나님을 밀어내고 사탄의 지시를 따른 것이다.

우리도 매일매일 선악과를 본다. 우리에게도 선택권이 있다. 교회를 나갈 수도 있고, 안 나갈 수도 있다. 점심을 먹을 수도 있고, 거를 수도 있다. 모든 선택에는 우리의 자유의지가 발동된다.

우리의 선택 권한은 위험한 결과를 불러오기도 하지만, 우리의 진심을 가리기 위해 반드시 필요한 전제다. 진심을 원하시는 하나님은 우리가 스스로 선택하도록 허용하신다.

하나님은 우리의 선택을 두고 번개를 치거나 다리를 부러뜨

려서 막지 않으신다. 더 사랑하는 사람이 약자가 되듯, 하나님은 어떤 강압도 없이 인간이 돌아오기를 기다리신다. 거짓이 아닌 진실한 사랑을 원하시는 하나님은 우리를 아픈 마음으로 기다리신다. 비록 시간이 오래 걸리더라도 진심을 다한 의미 있는 사랑을 구하신다.

하나님은 우리의 상상보다 훨씬 더 우리를 존중하시고 비할 수 없이 사랑하신다.

Question

1. 사랑하는 사람이 원하면 무엇이든 다 허용하나요? 사랑에 제한이 있어야 한다는 것에 공감하나요?

2. 하나님이 인간에게 선택권을 주신 것은 진실한 사랑을 받으시기 위함이었습니다. 배우자 혹은 사랑하는 사람에게 어떤 고백을 받고 싶나요?

CHAPTER . 5

·

그럼에도 불구하고
사랑임을 증명하라

TREE OF KNOWLEDGE OF
GOOD AND EVIL

TREE OF KNOWLEDGE OF
GOOD AND EVIL

선악과는 정말 유도된 덫이 아닌가?

모든 걸 차치하고라도 선악과가 하나님의 유도된 덫이 아님을 어떻게 증명할 수 있을까?

이것이 나의 마지막 의문이었다.

인간 존중, 하나님의 극진한 사랑, 아담의 사랑을 간절히 바라시는 하나님의 마음, 모두 이해했다. 그러나 선악과를 따 먹은 결과는 너무도 치명적이었다. 누구라도 '이것은 덫'이라고 생각할 만큼 말이다. 그럼에도 그것이 하나님의 완벽한 사랑이라고 말할 수 있을까?

덫은 짐승 또는 적을 잡거나 골탕 먹일 요량으로 만드는 기구다. 우리는 덫을 만들어 목표물이 지나다니는 길목에 놓고 걸

려들기를 기다린다. 덫은 목표가 걸려들게 하는 데 목적이 있다. 덫으로 인해 괴로운 것은 내가 아니다. 덫에 걸린 상대다.

선악과의 경우는 어떠한가? 죄의 올무에 걸린 인간은 죽음을 당하고 지옥에 가게 되었다. 선악과로 인해 인간은 괴로워졌다. 표면적으로는 말이다.

그런데 그 끔찍한 결과를 해결하기 위해 하나님은 더 큰 희생을 치르셨다. 하나님 스스로가 죽기로 결정하신 것이다. 세상 어떤 존재가 자신을 더 괴롭게 하는 덫을 놓겠는가. 그것이 덫이고 함정이라면 온전히 상대방이 괴로워야 맞는 것 아닌가?

그런데 인간이 불순종한 결과, 하나님이 죽기로 결정하셨다. 아담이 해결할 능력이 없었기 때문이다. 그래서 하나님의 아들 예수 그리스도가 인간이 되어 이 땅에 오셔야 했다. 그것이 죄를 해결하는 유일한 방법이었다.

아담이 탐욕을 부린 결과는 아담만 죽게 한 것이 아니라 신이신 예수 그리스도를 죽게 만들었다. 이 결정은 하나님이 억지로 하신 것이 아니다. 우리의 죄를 해결하려고 그분 스스로 결정하셨다. 이것을 어떻게 덫이라 할 수 있겠는가. 상대를 괴롭히기 위해 자신의 목숨을 내놓는 덫이 세상 어디에 있단 말인가? 선악과는 절대로 덫일 수 없다. 하나님이 지불하신 대가가 인간보다 훨씬 더 크기 때문이다.

선악과가 유도된 덫이 아니라는 분명한 증거가 바로 '십자가'이다. 십자가는 하나님이 아담이 선악과를 따 먹기를 절대 원하지 않으셨다는 증거이기도 하다.

완전한 선택권으로 진실함이 증명되어야 했던 사랑은 결국 실패했다. 그리고 아담이, 아니 모든 인류가 죽음의 길로 가게 되었다. 인간은 타락한 선악의 굴레에서 벗어날 길을 잃었다. 영원히 하나님과 분리된 지옥이라는 고통의 길로 가게 되었다.

하나님은 그런 인간을 보며 얼마나 고통스러우셨을까. 적어도 그 사랑의 크기만큼 괴로우셨을 것이다. 그래서 인간을 살리기로 작정하신 하나님이 대신 죽으심으로 아담의 죄를 만회하기 위해 스스로 지신 것이 바로 십자가다. 신이 인간을 위해 죽으셨다. 신이 자신을 내어 주셨다. 자신을 주었다는 것은 다 주었다는 것이다. 무엇을 더 내어 줄 수 있을까? 이것이 하나님의 두 번째 프러포즈이자 인간을 향한 마지막 프러포즈다.

"여호와 하나님이 그 사람에게 명하여 이르시되 동산 각종 나무의 열매는 네가 임의로 먹되 선악을 알게 하는 나무의 열매는 먹지 말라 네가 먹는 날에는 반드시 죽으리라 하시니라"(창 2:16-17).

하나님의 말씀은 이제 바뀌었다.

"예수께서 이르시되 나는 부활이요 생명이니 **나를 믿는 자는 죽어도 살겠고 무릇 살아서 나를 믿는 자는 영원히 죽지 아니하리니** 이것을 네가 믿느냐"(요 11:25-26).

죽음이 확정된 인간에게 하나님은 부활과 생명을 약속하셨다. 십자가로 이 약속이 가능해졌다. 이제는 지옥에서 천국으로, 죽음에서 생명으로 가는 길이 십자가를 믿는 모든 사람에게 열렸다. 영원한 에덴동산인 천국으로의 회복이 가능해졌다.
  이것이 하나님이 우리에게 다시 고백하시는 십자가의 사랑이다.

"내가 너희를 이렇게 사랑한다. 이것을 받겠느냐!"

아담 앞에 놓인 선악과처럼, 이제 우리 앞에 놓인 십자가가 하나님을 향한 우리의 자발적인 사랑을 기다린다.

십자가를 거부한다면 더는 회복할 기회가 없다. 하나님은 자신의 카드를 모두 내놓으셨다. 때문에 두 번째 프러포즈인 십자가를 반드시 기쁨과 감사로 받아들여야 할 것이다.

기독교가 독선적일 수밖에 없는 이유

생모 주장

"제가 이 아이의 생모입니다."
"아닙니다. 제가 이 아이의 생모입니다."
"아이를 반반 나눠 가지시오."
"그럽시다!"
"안 됩니다.

제가 아이를 포기할 테니
아이를 살려 주세요."

———————

누가 진짜 생모일까?
아이를 포기한 사람이 진짜 생모다.
진짜 생모는 자기가 아파도 아이를 살리는 사람이다.
진짜 생모는 자기가 죽어도 자식은 살리는 사람이다.
진짜 생모는 아이가 힘들어도
유익한 것을 하도록 하는 사람이다.

예화 내용으로도 그렇지만, 유전적으로도 생모는 단 한 사람이다.

종교는 어떻게 보면 생모 주장하기와 같다. 서로 "내가 진짜예요" 하며 맞선다. 그러다 이제는 "우리는 모두 생모입니다. 모든 사람이 나의 생모일 수 있습니다"라며 통합하고 다원주의의 길로 간다.

그 와중에 기독교는 무식할 만큼 절대 양보하지 않으며 내가 생모임을 외친다.

왜? '진짜 생모'이기 때문이다. 기독교가 세상 사람들에게 독선적이라는 지적을 받으면서도 양보할 수 없는 이유가 여기 있다. 죽음의 원인도, 죽음의 결과도, 죽음의 해결도 다 하나님과 인간 사이에서 일어났다. 종교의 본질은 좋고 나쁨의 문제가 아니라 지옥과 천국의 문제, 죽음과 생명의 문제다.

진짜와 가짜를 구분해야 한다. 사람들은 왜 기독교에만 구원이 있다고 말하냐고 묻는다. 아무리 따져도 그리스도인들의 대답은 바뀌지 않는다. 바뀔 수 없기 때문이다.

자식을 위해 죽는 일은 생모만이 가능하다. 그런데 신이 그렇게 하셨다. 그분이 우리를 만드셨고 우리를 사랑하셔서 대신 죽으셨다. 그 결과 인간은 부활과 영원한 생명, 천국으로의 회복을 약속받았다. 하나님의 사랑, 하나님의 프러포즈를 인정하고 받아들이는 자에게 천국이 주어진다.

기독교는 좋고 불교나 이슬람교는 나쁘다는 게 아니다. 거기에는 유익이 없다고 말하는 것이다. 죽음과 생명은 모두 생명을 만드신 하나님 안에 있다.

그저 좋은 아주머니를 찾는다면 다른 종교들도 괜찮다. 그러나 생모를 찾는다면 아니다. 선한 일을 하고 평안을 얻고 싶다면 기독교 말고도 좋은 종교가 있다. 그러나 우리 믿음의 핵심은 평안이나 선행이 아니라 근본적인 문제, 인간의 죽음을 해결하고 하나님과의 관계를 회복해 천국에 가는 것이다.

천국은 참선을 해서 극락에 가는 것과 완전히 다른 개념이다. 나도 어린 시절에는 '극락'이 '천국'의 다른 말, 혹은 한국적인 표현이라고 생각했다. 그러나 전혀 그렇지 않다. 천국은 인간이 깨달음을 얻어서 가는 곳이 아니다. 착한 일을 해서 가는 곳도 아니다. 천국은 선악과의 문제를 해결해야만 갈 수 있는 곳이다. 십자가 구원에 대한 믿음은 아무리 강압해도 타협할 수 없다.

예수님만 고통을 당하셨을까?

하나님, 예수님, 성령님은 인간의 죄를 갚기 위해 십자가에서 피 흘려 죽을 육체가 필요하셨다. 그래서 예수님이 인간의 몸으로 태어나셨다. 예수님이 인간으로 오신 일차적인 이유는 인간과 같은 육체가 필요해서다.

여기까지는 이해가 된다. 이기심 많은 인간도 정말 사랑하는 사람을 대신해 자기 목숨을 내놓기도 한다. 만약 내 자식이 지옥에 가야 한다면 나는 무슨 수를 써서라도 내가 대신 지옥에 가고 자식은 천국에 보낼 것이다.

인간 부모도 그런데 사랑의 하나님이야 말해 무엇할까. 비록 아담이 죄를 범했지만, 그로 인해 인간이 지옥으로 가는 것을 하나님은 도저히 보실 수 없었다. 하나님 스스로 대가를 지불하고 인간을 구원하기로 하셨다.

나는 어린 시절 '하나님은 왜 혼자만 편하셨을까?' 하고 생각했다. 발칙하기 짝이 없는 발상이지만, 솔직히 인간의 구원을 위해 예수님만 고통당하셨다는 생각이 들었다. 불공평한 것 같았다.

그러나 시간이 지나면서 하나님 또한 예수님 못지않은 고통을 겪으셨다는 사실을 깨달았다.

예수님은 하나님의 하나밖에 없는 아들이시다. 나는 아들이 둘 있는데, 그들의 작은 고통은 내게 몇 배나 큰 고통으로 다가온다. 내가 대신 고통스러운 편이 훨씬 쉽겠다고 한두 번 생각한 게 아니다. 만약 내 아들이 처참하게 죽어 간다면, 거기에 내가 동의하고 그저 바라만 봐야 한다면 내 마음은 어떨까? 상상을 초월하는 고통일 것이다. 내 죽음보다 더 큰 고통일 게 뻔하다.

예수님의 고통을 바라만 보아야 하시는 하나님의 고통은 어쩌면 예수님의 것보다 훨씬 더 잔인하고 견디기 힘든 고통이 아니었을까?

인간을 향한 하나님의 사랑은 자식을 처참하게 죽이는 고통을 참아 낼 만큼 강렬하다. 그렇게 하나님은 우리를 구원하셨다. 왜 그렇게까지 하셨는지 의문이 들 만큼 하나님은 연약하고 한심한 인간을 사랑하셨다. 동일한 아픔을 나누신 성 삼위일체 하나님 중 누구도 인간을 위한 고통의 대가를 지불하지 않으신 분은 없다.

미련할 만큼 일방적인 하나님의 사랑

선악과에 대해 또 다른 관점에서 이야기하려 한다. 선악과로 인해 빚어진 한 사람(아담)의 죄 때문에 사망이 들어왔다. 그래서 다른 한 사람(예수)이 인간에게 생명을 주기 위해 이 땅에 왔다. 이것이 크리스마스에서부터 시작된 우리의 이야기다. 그렇다면 그것은 과연 나와 무슨 상관이 있을까?

인류 역사상 선악과 사건보다 더 큰 비극은 없다. 아담이 하나님의 말씀을 어기고 선악과를 따 먹은 이 사건은 전 인류를 지옥에 가게 만들었다. 아담으로부터 인류 최대의 비극이 시작되었다.

이 비극적인 상황이 진행되는 가운데 우리는 또 다른 하나님의 사랑을 발견할 수 있다. 그리고 확신하게 된다. 성경 어느 곳에도 하나님의 사랑이 없는 곳은 없다. 다만 내가 어리석어 깨닫지 못하고 하나님을 곡해해 바로 보지 못하는 것이다.

"내가 너로 여자와 원수가 되게 하고 네 후손도 여자의 후

손과 원수가 되게 하리니 여자의 후손은 네 머리를 상하게 할 것이요 너는 그의 발꿈치를 상하게 할 것이니라 하시고"(창 3:15).

선악과를 따 먹은 아담과 하와는 하나님이 두려워 숨었다. 하나님이 아담을 부르시자 그들은 변명을 한다. 아담은 하나님이 만드신 여자가 주어서 먹었다고, 하나님이 하와를 만드셨으니 하나님 탓이라고 한다. 또 선악과를 준 건 여자이니 여자가 잘못했다고 말한다. 하와는 뱀을 탓한다. 끝없이 변명과 남 탓만 하는 이들에게 하나님은 심판을 선언하신다.

즉 이 장면은 '죄를 지은 자'와 '판결을 내리는 자'가 있는 재판 같은 상황이다. 그리고 뱀과 하와, 아담에게 판결하시기 직전 하나님이 하신 말씀이 앞의 창세기 3장 15절 말씀이다.

"여자의 후손은 네 머리를 상하게 할 것이요 너는 그의 발꿈치를 상하게 할 것이니라."

무엇을 뜻하는 말씀인가? 바로 예수님을 가리키는 내용이다. 여자의 후손, 마리아의 후손 예수 그리스도가 사탄의 머리를 상하게 하고 인간을 구원할 메시아로 오신다는 말씀이다.

그런데 잘 생각해 보면 이 상황이 아주 뜬금없음을 알 수 있다. 사랑의 동산인 에덴은 죽음의 선포와 벌이 내려지는 심판의 현장으로 바뀌었다. 아담은 반역자로 있다. 하나님이 진노하시고 고통스러우셨음은 당연하다. 그런데 그 현장에서 하나님은 아주 큰 약속을 하신다.

이 몹쓸 놈, 내가 BMW 사 줄게

어느 재벌이 거지 아이를 데려다 아들로 삼고
정성으로 키워 후계자의 자리에 앉혔다.
재벌은 양아들을 매우 사랑해서 모든 소유를 허용했다.
모든 것이 양아들의 것이나 마찬가지였다.
그런데 양아들은 집에 있는 모든 재물과 집문서,
인감도장을 빼돌려 아버지 모르게 팔아 버렸다.
아버지를 배신한 것이다.
그 사실을 안 아버지가 분노하면서 말했다.
"이제 이 집에서 나가라!"

널 호적에서도 빼 버릴 거다!
그런데 너를 위해 BMW를 사 줄게.
조금만 기다려.
집도 다시 사 줄 거야."

―――――――

최고의 차와 좋은 집을 약속하는 건
칭찬할 때나 어울린다.
그런데 벌을 내리면서
최고의 선물을 약속한 것이다.

심판장이신 하나님은 재판정에서 "내가 대신 죽고 너를 살릴 거야"라는 약속을 하셨다. 인간을 향한 하나님의 참으로 미련한 사랑이다. 하나님은 배신의 현장에서도 인간을 향한 사랑을 끊지 못하셨다.

"그러므로 한 사람으로 말미암아 죄가 세상에 들어오고 죄로 말미암아 사망이 들어왔나니 이와 같이 모든 사람이 죄를 지었으므로 사망이 모든 사람에게 이르렀느니라"(롬 5:12).

이런 자에게 하나님은 자신의 희생을 통한 약속을 선물하셨다.

"한 사람의 범죄로 말미암아 사망이 그 한 사람을 통하여 왕 노릇 하였은즉 **더욱 은혜와 의의 선물을 넘치게 받는 자들은 한 분 예수 그리스도를 통하여 생명 안에서 왕 노릇 하리로다**"(롬 5:17).

사망을 부른 자를 심판하시며 의의 선물을 준비하신 하나님의 사랑은 미련할 만큼 지극하다.

하나님이 아담을, 아니 인간을 이렇게 사랑하신다. 하나님은 심판의 자리에서 축복과 생명을 약속하셨다. 아담은 그 뜻을 몰랐겠지만, 우리는 그 말씀이 어떤 의미인지 알지 않는가.

성경은 하나님의 금지, 진노와 심판으로 가득 찬 것이 아니다. 심판의 뒷면에는 눈물 흘리며 인내하시는 하나님의 사랑이 가득하다. 어리석고 왜곡된 나의 눈에는 표면에 드러난 하나님의 분노만 보였다. 그러나 알면 알수록 하나님은 인간을 사랑하는 데 눈이 멀어 버리신 분이었다.

장난의 대가

어느 마을에 심각한 개구쟁이가 있었다.
사람들이 쥐불놀이하는 걸 본 개구쟁이는
할 줄도 모르면서 혼자 대충 깡통에 줄을 단 후
불을 붙여 돌렸다.
불붙은 깡통은 금세 줄이 끊어져 옆집으로 날아갔고,
그 집을 모두 불태웠다.
마을은 난리가 났다.
간신히 불은 꺼졌지만 옆집은 전 재산을 잃었다.
그날 개구쟁이는 아버지에게 호되게 혼났다.
눈물이 나도록 맞았고, 한 달 동안 밖에서 놀 수 없었고,
매일 반성문을 10장씩 써야 했다.

> 과연 개구쟁이는 제대로 된 대가를 지불한 걸까?
> 훗날 개구쟁이는 며칠 동안 친구들과 놀지도 못하고
> 반성문을 쓰느라 고생했던 시절을 떠올리며
> 눈물지을지 모른다.
> 그러나 개구쟁이의 아버지는 수년 동안
> 새벽부터 밤이 새도록 죽도록 일만 하면서
> 옆집 재산을 갚아야 했다.
> 과연 누가 대가를 지불한 걸까?
> 자신이 대가를 치렀다는 개구쟁이의 생각은 착각이다.
> 반성문 정도로 지불할 수 있는 대가가 아니기 때문이다.

 신앙생활을 할수록 불순종은 내가 했는데 대가는 하나님이 치르신다는 것을 점점 절실히 느낀다. 당시는 내가 다 지불한 줄 알았다. 아담처럼 말이다. 죽게 되었고 고된 노동을 해야 먹고살게 되었으니, 아담은 스스로 대가를 지불했다고 착각했을 것이다.

 그러나 실제로 치러야 할 대가는 그 정도가 아니었다. 신이신 하나님의 아들이 이 땅에 인간으로 내려오셔서 참혹한 고통 가운데 십자가를 지셔야만 해결되는, 어마어마하게 큰 대가였다. 아담은 몰랐다. 나도 몰랐다.

   나는 고난을 통과할 때마다 마치 그걸로 대가를 내가 다 치른 듯 떳떳했으나, 결국 언제나 진정한 고통의 대가는 하나님이 치르셨음을 뒤늦게 알았다.

   아들이 어렸을 때 동네 아이들을 참 많이 때리고 다녔다. 그때마다 나는 아들을 혼냈고 아들은 자지러지게 울었다. 아들은 그게 끝이었다.

   그러나 나는 끝이 아니었다. 다친 아이 부모를 찾아다니며 빌고, 치료비를 지불하고, 마주칠 때마다 고개를 숙이며 미안한 마음으로 인사했다.

   아이들은 부모에게 혼나면 그걸로 대가를 지불했다고 생각한다. 그러나 부모는 그때부터 진짜 대가를 지불해야 한다. 아이들이 벌인 일의 물질적, 정신적, 관계적인 모든 문제를 해결하러 뛰어다녀야 한다.

   믿음 생활을 할수록 내가 혼났으니 그걸로 치렀다고 생각했던 대가들이 어쩌면 빙산의 일각일지도 모른다는 생각이 든다. 이면에 숨겨진 하나님의 인내하심, 하나님의 보호하심, 하나님의 돌보심은 하나도 못 보고 나 혼자 감당한 것처럼 살았다.

얼마나 자주 하나님을 원망했던가. 자녀의 뻔뻔함이 곧 나의 뻔뻔함이었다. 더 사랑하기 때문에 부모가 자녀의 뻔뻔함에 늘 져 주는 것처럼, 하나님은 인간을 향하여 늘 그렇게 하셨다.

Question

1. 사랑하는 사람에게 받는 최고의 고통은 무엇일까요?

2. 신에게도 고통이 있을 수 있음을 생각해 보았나요? 사랑을 전제로 한 반복적 배신을 경험하시는 하나님의 마음을 돌아본 적이 있나요?

CHAPTER . 6

•

나를 향한
완벽한 계획

TREE OF KNOWLEDGE OF
GOOD AND EVIL

TREE OF KNOWLEDGE OF
GOOD AND EVIL

나도 아담처럼 사랑하시나요?

하나님은 아담에게 징계의 현장에서 최고의 선물을 주셨다. 나는 어떤가? 우리는 자주 하나님의 각별한 사랑에서 나를 제외시킨다. 이유는 간단하다. 나보다 잘살고, 나보다 혜택을 받은 것처럼 보이는 사람이 주변에 많기 때문이다.

나는 어려운 상황에 있는데 다른 사람들은 편안해 보이니까 하나님은 나를 사랑하시지 않는다고 생각한다.

나는 열심히 살아도 길이 안 열리는데, 다른 친구들은 하는 일마다 잘되는 것 같다. 다른 가정이 더 행복해 보인다. 내 아이는 다른 집 아이보다 속을 더 썩이는 것 같다. 내 친구는 나보다 더 예쁘거나 잘생기고, 능력도 있고, 모든 일이 수월해 보인다. 난 이렇게 열심히 신앙생활 하는데 하나님은 나에게 복을 안 주시는 것 같다.

이럴 때 우리는 하나님이 나를 사랑하시지 않는다고 생각한다. 적어도 저 사람보다는 덜 사랑하신다고 생각한다. 과연 그럴까?

나는 하나님을 위대한 주인으로 모시며 그분의 충성스러운 종이 되어야 한다는 생각으로 살았다. 자녀라기보다 주인을 무서워하는 종처럼 '충성 강박증'에 사로잡혀 살았다. 내 전부를 버리고 주님만을 위해 살기로 다짐했고, 실제로도 그랬다. 그럼에도 불구하고 삶 가운데 고난이 반복적으로 닥치자 견딜 수 없었다.

나는 디자이너의 길을 버리고 사역자의 길을 택했다. 어려운 결정이었다. 그런데 내 인생을 버리고 선택한 그 길이 너무 힘들었다. 억울한 일도 많았고 수월한 게 없었다.

그렇게 20년이 흘렀다. 나는 독이 오를 대로 올랐다. '어디 한번 하나님과 붙어 보자'라는 심정으로 철야기도회에 갔다. 해도 해도 너무하다는 생각이 들었다. 하나님을 위해 살겠다는데, 나보다 훨씬 덜 신실한 사람도 아주 잘 사는데, 나한테 이렇게까지 하실 필요가 있나 싶었다.

작정하고 사람들 눈에 안 띄는 2층 한구석에 자리를 잡았다. 그리고 시종일관 "하나님, 불공평합니다. 이러실 수는 없습니다"라는 말만 반복했다. 나름의 근거를 들이대면서 마음으로 하나님께 손가락질을 하며 따졌다.

꼭 하나님의 대답을 듣고 싶었다. 나는 하나님이 "민정아, 네가 잘 몰라서 그러는데 나는 그런 불공평한 하나님이 아니다"라고 대답하실 거라 예상하고, 그다음에 따질 내용을 정리하면서 기도했다. 참을 만큼 참았다. 나는 그날 내 속을 토로하지 않고는 견딜 수 없었다.

시간이 얼마나 지났을까? "하나님, 너무 불공평하시잖아요"라고 하는데, 하나님이 말씀하시길 "나도 그렇게 생각한다"라고 하시지 않는가. '어! 이건 아니잖아. 내가 예상한 대답이 아닌데…….' 맥이 탁 풀렸다.

하나님이 "아니다, 공평하다" 하시면 쏟아 놓을 말이 얼마나 많았는데, 이렇게 순순히 인정하시다니 나는 선의를 상실한 군인처럼 허탈했다.

그때 내 마음에 울리는 소리가 있었다.

"그런데 민정아, 네가 나를 만나는 그날에는 네가 절대로 그렇게 말할 수 없을 거다."

이것이 끝이었다. 나는 펑펑 울었다. 아무 말도 할 수 없었다. 물론 그 뜻을 완전히 이해한 건 아니다. 다만 지금 나의 억울함과 불공평함에 대한 토로가 사실이라 해도, 나의 길을 모두 달려간 그날에는 내가 절대로 그렇게 말할 수 없을 정도로 하나님이 갚아 주실 것을 알았다. 이 땅에서 이루어 주실지 천국에서 이루어 주실지 모르지만, 그 확정적 선언은 내 심장을 꿰뚫었고 그 후 나는 다시 불평할 수 없었다.

"내가 안다. 지금 너의 삶이 불공평함을. 그러나 모든 걸 결산하는 그날, 너는 그 말을 하지 못할 것이다!"

이 말은 우리 모두를 향한 하나님의 단언이다. 이 사랑은 각 사람마다 방법은 다르겠지만, 모두에게 완벽한 하나님의 계획과 모두에게 공평한 하나님의 절대적 사랑이다.

큰 죄를 지은 아담에게 심판의 현장에서 더 큰 약속으로 사랑을 증명하신 하나님은 동일한 사랑으로 우리를 원하신다. 죄인을 향한 최고의 사랑은 우리의 것이다.

죽어 마땅한 자에게 생명을 주신 하나님, 죽음의 짐을 하나님이 대신 지신 십자가. 이것이 하나님이 우리를 사랑하시는 방식이다. 우리가 부인할 수 없는 사랑의 원리다.

인생의 최고 점수를 내라

알파인 스키를 타는 사람들을 보면 왼쪽, 오른쪽으로 왔다 갔다 하면서 내려온다. 기문을 하나하나 제치면서 내리막길을 빠른 속도로 아슬아슬하게 내려오는 모습이 어떤가?

나는 어쩌면 그것이 인생을 사는 하나의 법칙이겠다는 생각이 든다.

나는 7살 때부터 피아노를 배웠다. 하루에 한 시간씩 연습하는 게 너무 싫어 매일 도망 다니면서 뺀질거린 기억이 난다. 초등학교에 들어가서도 피아노 레슨을 계속하다가 3, 4학년쯤 기어코 그만두었다. 그러나 중학생 때 다시 붙잡혀 피아노를 배웠는데, 거기에는 피아노로 대학을 가라는 엄마의 계획이 있었다.

그러던 어느 날 교내 미술대회에서 대상을 받았다. 나는 '역시 피아노가 아니었어. 그림이 내 적성에 맞아' 생각하며 내리 6년을 그림만 그렸다. 대회에도 나가고 실력도 쌓으며 화가의 꿈을 키웠다.

본격적으로 미대 입시 준비를 하려는데 엄마가 반대했다. 뒷바라지 비용이 만만치 않으니 공부로 대학을 가라는 것이었다. 나는 결국 그림을 포기하고 공부로 대학을 갔다. 그나마 그림과 연관이 있다고 생각한 의상학과였다.

그런데 대학을 다니던 중 하나님의 부르심을 받았다. 도무지 알 수가 없었다. 고등학생 때 부르셨으면 처음부터 신학을 했을 텐데, 왜 디자이너 수업을 받게 하신 건지 이해가 되지 않았다.

졸업 후 난 사역자의 길을 가게 되었고 35세가 넘어 신학을 시작했다. 지금은 글을 쓰지만 문학에는 관심도 없었다. 한 회사의 사목을 하기까지 신우회를 10년 넘게 인도했다.

참 많이 돌고 돌아온 삶이었다. 왜 하나님은 나를 직선으로 인도하시지 않을까? 지나고 나면 어느 것 하나 버릴 것 없는 경험임을 알면서도 직선으로 달려오지 않은 인생이 못내 아쉬웠다.

그런데 크리스마스 설교를 준비했던 미국 스모키 마운틴 스키장에서의 작은 깨달음이 섬광처럼 떠올랐다. 알파인 스키는 아무리 빨리 내려와도 기문 하나를 놓치면 그 하나 때문에 실격 또는 감점이 된다.

'아! 인생도 그렇구나. 나는 알 수도, 이해할 수도 없지만 하나님이 세우신 인생의 기문 하나하나를 성실히 통과하며 내려갈 때 내 인생의 최고 점수를 기록할 수 있구나.'

인생이라는 경기는 직선으로 빨리 달리는 게 능사가 아니다. 한 고비, 한 고비 반드시 통과해야 하는 기문이 있다. 아무리 급해도 그것을 지나치면 우리에게 득이 되지 않는다.

순간 내 입에서 "하나님, 감사합니다"가 터져 나왔다. 많이 돌아온 것 같지만 돌아온 게 아니었다. "내가 해야 할 일들을 하면서 차곡차곡 내 인생의 점수를 따고 있었네요"라는 고백이 흘러나왔다.

'내 인생에는 왜 직진이 없지? 나는 왜 번번이 돌아가지?'라는 의문이 든다면, 지금 우리는 또 하나의 기문을 통과하며 점수를 내는 중임을 기억하길 바란다.

하나님은 우리가 어설픈 실력으로 가파른 내리막길을 활강하다 재기할 수 없을 만큼 곤두박질치기를 원하지 않으신다. 내 길과 다른 사람의 길을 비교할 필요도 없다. 하나님은 우리 모두에게 절대적으로 완벽한 계획을 가지고 계신다.

비록 실패했지만 아담을 온전히 사랑하고 존중하신 하나님이 아담의 진심 어린 사랑을 기대하며 준비하신 첫 번째 프러포즈도, 그분 스스로 모든 것을 희생하고 감수하며 준비하신 두 번째 프러포즈도 모두 우리에게 한 가지를 말해 준다.

"나는 나의 전부를 바쳐 너를 사랑한다. 그리고 기다린다."

의심이 들 때마다 이렇게 외쳐 보라.

"하나님은 나를 절대 방치하시지 않아."
"하나님은 나를 절대 포기하시지 않아."
"하나님은 날 위해 최고의 것을 주셨어."

Question

1. 주변을 보았을 때 어떤 사람이 가장 하나님께 사랑받는 것 같나요?

2. 인생이 자꾸 돌아서 간다고 느낀 적이 있나요? 최고 점수를 내기 위한 과정이라고 생각해 본 적이 있나요?

마치는 글

두 번째이자 마지막 프러포즈

성경을 완벽하게 해석하거나 이해할 수 있는 사람은 없다. 대단한 신학자 혹은 석학이라도 그렇다. 인간은 하나님을 이해하기에는 그릇이 너무 작다.

우리는 우리가 모두 이해할 수 없는 대상을 모두 이해하려 애쓰다 많은 것을 놓친다. 납득할 수 없는 성경 속 한 부분과 실랑이하느라 많은 시간을 보내기도 하고, 때로는 그것 때문에 신앙을 버린다.

7살짜리 아이가 아버지에게, '사탕도 안 주면서 운동을 시키다니, 친아버지라면 이럴 수 없어' 하며 당신이 친아버지임을 증명하라고 한다면 얼마나 어이없는 일일까? 하물며 하나님과 인간의 차이다. 그런데 우리는 늘 하나님께 날 납득시키라며 투정하는 데 시간을 낭비한다.

우리는 인생을 살면서 각양각색의 어려움을 지난다. 내 인생뿐 아니라 모든 인생은 이 땅에서 서로 다른 어려움을 이기며 살아간다.

나 역시 자칫 미끄러져 나락으로 떨어질 뻔한 적이 한두 번이 아니었다. 많은 날을 납득할 수 없다며 항변했다. 그러나 선악과를 만드신 하나님의 사랑을 깨달은 후, 삶이 그 이전과 이후로 나뉠 정도로 큰 변화가 찾아왔다.

선악과는 하나님의 진의가 의심되는 대표적인 부분이었다. 그 처참한 결과 앞에서 하나님의 사랑을 신뢰할 수 없었다. 그런데 선악과가 하나님의 눈물겨운 사랑이었다니. 그 깨달음은 나를 하나님에 대한 모든 불신에서 해방시켰다.

선악과는 사랑의 증표이며 나의 죄악에도 불구하고 최고의 선물을 준비하시는 하나님의 용서다. 이제 나는 선악과를 생각할 때마다 나를 존중하고 사랑하시는 하나님께 감사드린다.

여전히 유효한 마지막 프러포즈인 십자가를 내가 기쁨으로 받아들인 행운에 가슴이 벅차다.

스모키 마운틴에서 크리스마스 예배를 준비하던 나는 어린 시절부터 묵혀 둔 질문을 다시 떠올림으로 아기 예수의 탄생에서부터 선악과까지 거슬러 올라갔다.

설교는 반대로 선악과에서 시작해 크리스마스에 이르렀다. 모두 처음에는 크리스마스 아침에 웬 선악과냐는 반응이었지만, 이내 하나님의 사랑에 감동했다.

선악과가 괴팍한 신이 만든 덫이 아니라 인간의 진심 어린 사랑을 바라셨던 하나님의 첫 번째 프러포즈였다는 것. 그리고 첫 번째 사랑 고백에 실패하신 하나님이 두 번째 프러포즈를 준비하셨다는 것.

하나님의 두 번째 프러포즈이자 마지막 프러포즈. 자신의 모든 것을 내어 주신, 그래서 더는 주실 것이 없는 하나님의 빈손… 십자가!

맑고 차가운 공기가 쨍하게 머리를 두드리던 크리스마스의 아침은 선악과의 은혜로 우리의 의문을 시원하게 씻어 내고 십자가를 뜨겁게 품게 했다.

나에게 선악과는 가장 강력한 복음이다. 하나님이 나를 나의 격 이상으로 높이고 존중하고 사랑하신 증거다. 믿음이 흔들릴 때마다 선악과는 내게 십자가만큼 거대한 사랑의 증거로 굳게 서 있다.

선악과라는 하나님의 첫 번째 프러포즈.
십자가라는 하나님의 마지막 프러포즈.

하나님이 바로 당신에게 손을 내미신다. 첫 번째 프러포즈는 아담이 거절했지만, 두 번째 프러포즈는 당신의 선택에 달렸다.

더는 버릴 것이 없을 만큼 다 버리신 하나님이 내미신 손을 꼭 잡기를 바란다.

당신을 향한 하나님의 마지막 프러포즈이기 때문이다.

사명선언문

너희가 흠이 없고 순전하여……세상에서 그들 가운데 빛들로
나타내며 생명의 말씀을 밝혀 _ 빌 2:15-16

1. 생명을 담겠습니다
만드는 책에 주님 주신 생명을 담겠습니다.
그 책으로 복음을 선포하겠습니다.

2. 말씀을 밝히겠습니다
생명의 근본은 말씀입니다.
말씀을 밝혀 성도와 교회의 성장을 돕겠습니다.

3. 빛이 되겠습니다
시대와 영혼의 어두움을 밝혀 주님 앞으로 이끄는
빛이 되는 책을 만들겠습니다.

4. 순전히 행하겠습니다
책을 만들고 전하는 일과 경영하는 일에 부끄러움이 없는
정직함으로 행하겠습니다.

5. 끝까지 전파하겠습니다
모든 사람에게, 땅 끝까지, 주님 오시는 그날까지
복음을 전하는 사명을 다하겠습니다.

서점 안내

광화문점   서울시 종로구 새문안로 69 구세군회관 1층
　　　　　　02)737-2288 / 02)737-4623(F)

강남점　　서울시 서초구 신반포로 177 반포쇼핑타운 3동 2층
　　　　　　02)595-1211 / 02)595-3549(F)

구로점　　서울시 동작구 시흥대로 602, 3층 302호
　　　　　　02)858-8744 / 02)838-0653(F)

노원점　　서울시 노원구 동일로 1366 삼봉빌딩 지하 1층
　　　　　　02)938-7979 / 02)3391-6169(F)

일산점　　경기도 고양시 일산서구 중앙로 1391 레이크타운 지하 1층
　　　　　　031)916-8787 / 031)916-8788(F)

의정부점   경기도 의정부시 청사로47번길 12 성산타워 3층
　　　　　　031)845-0600 / 031)852-6930(F)

인터넷서점　www.lifebook.co.kr